TESSLOFFS

SCHACH-BUCH

Vom ersten Zug zum Matt

Daniel King

Tessloff Verlag

Autor
Daniel King

Lektor
Clive Wilson

Stellv. Art Director
Mike Buckley

Herstellung
Oonagh Phelan

DTP-Koordinator
Nicky Studdart

Bildrecherche
Jane Lambert

Aus dem Englischen übertragen von
Brita Hemme

Unveränderte Neuauflage 2001
Deutsche Ausgabe:

www.tessloff.com

Titel der Originalausgabe: Chess. From first moves to checkmate.
Published by arrangement with Kingfisher Publications Plc

ISBN 3-7886-0804-8

Inhalt

TEIL 1

EINFÜHRUNG

Einführung 6
Die Geschichte des Schachspiels 8

SCHACHGRUNDLAGEN

Aufstellung der Figuren 10
Der König 12
Der Turm 13
Der Läufer 14
Die Dame 15
Der Springer 16
Der Bauer 17
Notation 18
Schach und Matt I 20
Schach und Matt II 22
Materialgewinn 24
Besondere Züge 26

AUF IN DIE SCHLACHT

Eröffnung 28
Gabel, Fesselung und Spieß 30
Vier tödliche Angriffe 32
Opfer! 34
Was ist ein Remis? 36
Übungsaufgaben 38
Kontrollübungen 40

TEIL 2

DIE WELT DES SCHACHS

Die Weltmeisterschaft I 42
Die Weltmeisterschaft II 44
Der Größte 46
Die kürzesten und die längsten Partien 48
Unsaubere Tricks 50
Die Russen und Schach 52
Computer und Schach 54
Die größte Herausforderung 56

ANHANG

Glossar 58
Lösungen und nützliche Adressen 60

Sachregister 62
Danksagung 64

◁ *Diese Zeichnung aus dem alten Ägypten belegt, dass es schon vor tausenden Jahren Brettspiele gab.*

Einführung

Beim Schach kämpfen zwei Armeen gegeneinander. Die eine führst du und die andere führt dein Gegner. Das Schicksal deiner Armee bestimmst du selbst durch deine eigenen Fähigkeiten. Die meisten anderen Spiele hängen von Glück und Zufall ab - der Wurf eines Würfels oder das Umdrehen einer Spielkarte bestimmen, welcher Zug gemacht wird. Im Schach hingegen gibt es keinen Zufall. Du bist ganz allein verantwortlich für deinen Erfolg oder deine Niederlage. Deshalb ist es auch gerade beim Schach besonders befriedigend zu gewinnen.

Das Spiel der Spiele

Bevor du auf dem Schachbrett einen Zug machst, solltest du versuchen vorauszusehen, wie dein Gegner darauf antworten wird. Auf der Suche nach dem richtigen Zug musst du Verstand, Gedächtnis und Logik ins Spiel bringen, dazu noch eine Prise Einfühlung und Eingebung.

Berechnungen haben gezeigt, dass es mehr mögliche Schachzüge gibt als Atome im Universum. Das erklärt ein wenig, warum sich das Spiel schon seit vielen Jahrhunderten so großer Beliebtheit erfreut. Schach ist noch nie „gelöst" worden. Bis ins heutige Computerzeitalter hinein ist Schach so komplex und faszinierend, wie es damals in Indien gewesen sein muss, als dieses Spiel vor fast 1500 Jahren entstand.

▷ *Vom 8. bis zum 11. Jahrhundert kamen die besten Schachspieler aus der islamischen Welt. Die Araber waren die ersten, die ihre Züge aufschrieben. Viele dieser Partien sind uns überliefert.*

„Schach ist das Leben in Miniatur. Schach ist Kampf, Schach, das sind Schlachten."
Garri Kasparov, Schachweltmeister.

DIE URSPRÜNGE DES SCHACHSPIELS

Niemand weiß genau, wie Schach entstanden ist, ob es von einer einzelnen Person erfunden wurde oder ob verschiedene Spiele allmählich zu diesem einen verschmolzen. Brettspiele gibt es seit mindestens 6000 Jahren, aber was wir als Schach kennen, kann bis etwa 600 n. Chr. nach Indien zurückverfolgt werden. Die Wurzeln gehen vermutlich noch weiter zurück. Möglicherweise ist das Spiel aus einer religiösen Zeremonie entstanden, die dazu diente, sich dem Ausgleich des Guten und des Bösen anzunähern.

Vom Norden Indiens aus verbreitete sich das Schachspiel schon bald nach Persien, und nach der arabischen Eroberung im 7. Jahrhundert erreichte es die arabische Welt. Im Goldenen Zeitalter des Islam zwischen dem 8. und dem 11. Jahrhundert gelangte Schach zu seiner Blüte. Die Araber waren große Mathematiker und das geometrische Wesen des Schachspiels fügte sich gut in ihre wissenschaftlichen Interessen.

Den europäischen Kontinent erreichte das Schachspiel über verschiedene Handelswege und auch durch die maurische Invasion Spaniens im 8. Jahrhundert sowie die islamische Eroberung Siziliens kurze Zeit später. Die Wikinger brachten das Brettspiel auch in den Westen des Kontinents, und zu Beginn des 11. Jahrhunderts war Schach in Europa bereits weit verbreitet.

◁▷ *Die Schachfiguren von der Insel Lewis datieren etwa ins 12. Jahrhundert zurück und bilden den ältesten vollständig erhaltenen Satz. Die Figuren sind aus Walross-Elfenbein geschnitzt und stellen von Wut bis Schwermut verschiedene negative Gemütsverfassungen dar.*

◁ *Über Handelsrouten oder durch Eroberungen gelangte das Schachspiel von der arabischen Welt nach Europa und wurde innerhalb kürzester Zeit das beliebteste Brettspiel dieses Kontinents.*

△ *Die älteste europäische Studie über das Schachspiel ist eine spanische Arbeit aus dem späten 13. Jahrhundert.*

▽ *Als dieses italienische Bild zweier Schach spielender Schwestern 1555 gemalt wurde, wurde bereits nach den noch heute gültigen Regeln gespielt.*

Die Geschichte des Schachspiels

Im späten Mittelalter, zwischen 1100 und 1450, entwickelte sich Schach in Europa zum beliebtesten Brettspiel der herrschenden Klasse. Erst im 20. Jahrhundert wurde Schach dann ein Spiel für jedermann.

Ein Spiegel der Gesellschaft

Die noch heute gültige Bezeichnung der Figuren – König, Dame, Läufer und Springer – entstand im Mittelalter, als es eine strenge Gesellschaftsordnung gab und Krieg und Schlachten das Leben bestimmten. Schach spiegelt diese festgelegte Ordnung wider und hat sich so einen Platz in vielen Balladen und Gedichten der Epoche erobert.

Dynamischer Wandel

Während der Renaissance, nach 1460, entwickelten sich die Regeln des Schachspiels zu dem, was wir noch heute kennen. Die Gesellschaft und das kulturelle Leben wurden wandlungsfähiger und so war es auch mit dem Schachspiel. Die Dame, die bis dahin nur eine eingeschränkte Macht hatte, wurde jetzt zur stärksten Figur auf dem Brett. Auch der Läufer gewann an Einfluss und die Bauern durften erstmals mit einem Doppelschritt beginnen. Diese Regeländerungen führten dazu, dass nun schon bei der Eröffnung des Spiels gleich ein Blitzangriff erfolgen konnte.

SCHACH IN BEWEGUNG

Viele unterschiedliche Orte und Kulturen haben im Laufe der Jahrhunderte große Schachspieler hervorgebracht. In der Renaissance waren Spanien und Italien die erfolgreichsten Schachnationen. Ab der Mitte des 18. Jahrhunderts hatte Paris viele starke Spieler, und als in der Mitte des 19. Jahrhunderts das britische Weltreich seinen Höhepunkt erreichte, wurde London zum Zentrum des Schachlebens. Mit Beginn des 20. Jahrhunderts hörte Schach auf, nur ein Spiel für die Reichen zu sein, die viel Freizeit hatten. Mit der Demokratisierung des Schachspiels entstanden überall auf der Welt Leistungszentren – in Mitteleuropa (Berlin, Wien, Budapest), in der Sowjetunion und in Nord- und Südamerika. Schach war endgültig zu einem Spiel für jedermann geworden.

LEBENDIGE GESCHICHTE

In der langen und wechselvollen Geschichte des Schachspiels hat jede Generation auf die Erfahrungen und Kenntnisse der vorangegangenen aufgebaut. Manche Zeugnisse des Schachspiels haben die Jahrhunderte überlebt – so können wir die Entwicklung des Denkens zurückverfolgen bis hin zu den Anfängen des Spiels. Wann immer du Schach spielst, übst du eine überlieferte Tätigkeit aus und tust das, was Schachspieler schon vor rund 1500 Jahren getan haben. Du trittst so in Kontakt mit Spielern, die vor beinahe 1500 Jahren gelebt haben.

Schon gewusst?

Eines der ersten Bücher, die in englischer Sprache verlegt wurden, hieß Das Schachspiel *von William Caxton. Es erschien 1474.*

◁ *In der langen Geschichte des Schachspiels sind die verschiedenen Figuren in ganz unterschiedlichen Formen dargestellt worden. Diese Beispiele stammen aus dem Deutschland des 18. Jahrhunderts, aus dem China des 19. und aus dem Italien des 20. Jahrhunderts.*

△ *Im 19. Jahrhundert wurden überall in Europa Schachclubs gegründet. Die Partien wurden in Kaffeehäusern ausgetragen.*

△ *Zu Beginn des 21. Jahrhunderts wird Schach von Millionen Menschen in aller Welt gespielt. Die Beliebtheit dieses uralten Spiels nimmt ständig zu.*

△ *Computerschach ist eine bedeutende Neuerung der letzten beiden Jahrzehnte. Mit leistungsfähigen Schachprogrammen kannst du gegen den Computer spielen und so deine Schachkenntnisse ausbauen.*

Aufstellung der Figuren

Schach spielt man zu zweit. Das Schachbrett hat 64 Felder, von denen die Hälfte weiß (oder hell) ist und die andere Hälfte schwarz (oder dunkel). Der eine Spieler führt die weißen Figuren, der andere die schwarzen. Zu Beginn einer Partie (so wird ein Spiel genannt) macht Weiß den ersten Zug und dann ziehen beide immer abwechselnd.

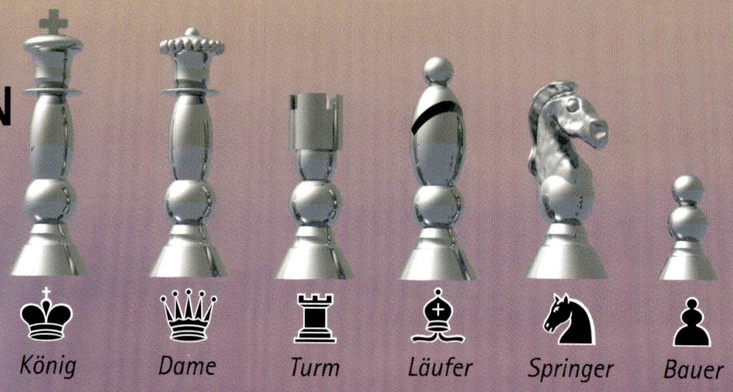

Zunächst wird das Schachbrett aufgestellt. Das Feld in der rechten Ecke vor dir muss weiß sein. So wollen es die Spielregeln, und außerdem hilft es dir, die Figuren (man nennt sie auch Steine) am Anfang in die richtige Ausgangsposition zu bringen.

Diese Grundstellung ist in jedem Spiel genau gleich: Die wichtigsten Figuren stehen auf der ersten Reihe – in den Ecken die Türme, daneben auf beiden Seiten des Brettes die Springer, dann die Läufer und schließlich auf den beiden mittleren Feldern der König und die Dame.

Es ist wichtig, den König und die Dame auf die richtigen Felder zu stellen. Dabei hilft dir eine einfache Regel: Die Dame steht am Anfang stets auf dem Feld ihrer Farbe, die weiße Dame auf dem weißen Feld neben der Mitte, die schwarze Dame auf dem schwarzen Feld. Auf der zweiten Reihe baust du deine acht Bauern auf.

Die Figuren sollten immer mitten auf den Feldern stehen. Auf jedem Feld ist nur ein Stein erlaubt. Allerdings kann man feindliche Figuren schlagen, indem man auf ein Feld zieht, das schon von einem anderen Stein besetzt ist. Diesen nimmt man dann fort.

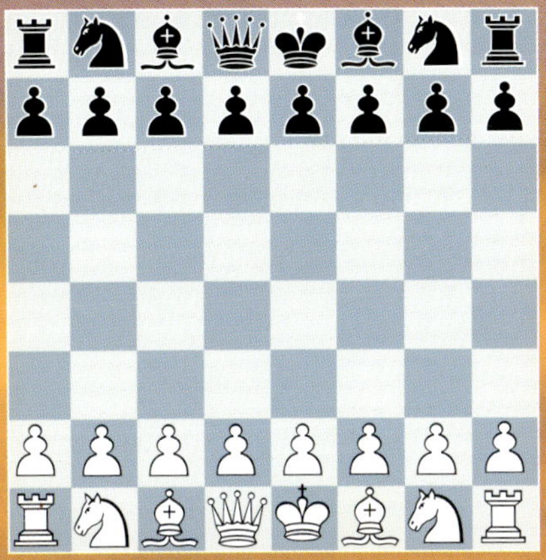

◁ *In diesem Buch werden das Brett und die Figuren oftmals als Diagramm dargestellt. Wenn dir die Bezeichnung der Steine unklar ist, kannst du jederzeit auf der gegenüberliegenden Seite nachschauen.*

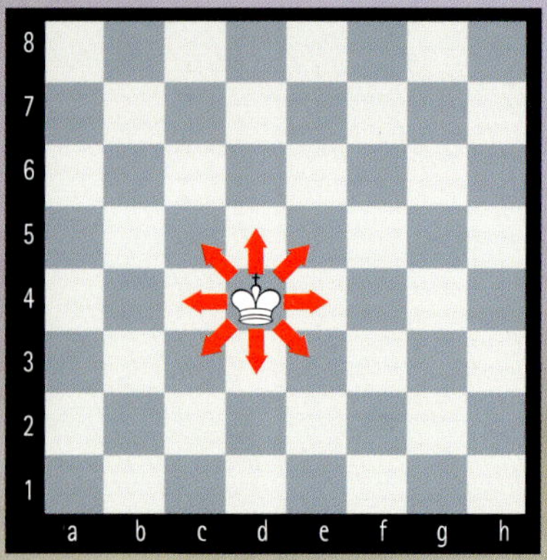

1

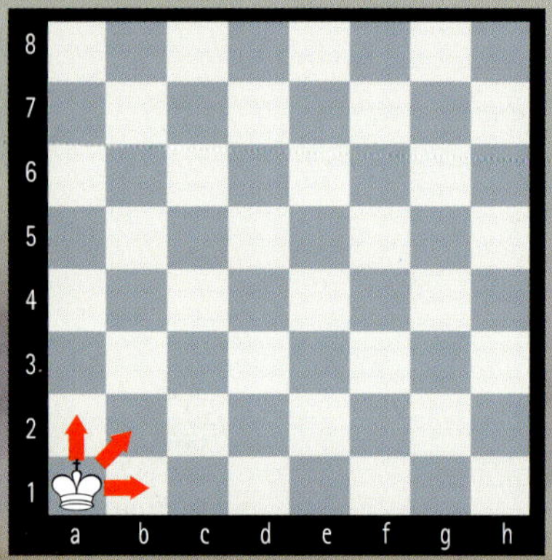

2

Der König

Der König ist leicht zu erkennen. In den meisten Fällen ist er die größte Figur innerhalb eines Satzes von Schachsteinen und auf seiner Krone trägt er stets ein kleines Kreuz.

Der König ist die wichtigste Figur auf dem Schachbrett. Das ganze Spiel dreht sich darum, den König in die Falle zu locken. Das nennen wir dann „schachmatt". Wer den König verliert, verliert auch das Spiel, es ist also äußerst wichtig, diese Figur so gut wie möglich zu schützen. Normalerweise ist es das Beste, den König am Rand des Brettes zu postieren und ihn dort mit einem Schutzschild aus Bauern zu umgeben, so wie im richtigen Leben ein führender Politiker von Leibwächtern geschützt wird. Wenn ein König keine Deckung mehr hat, riskiert er, einem feindlichen Angriff zum Opfer zu fallen, denn er kann nicht schnellen Schrittes entfliehen.

Der König ist die wichtigste, zugleich aber auch die machtloseste Figur. Er darf immer nur ein Feld weit ziehen, dies allerdings in beliebiger Richtung. Er kann andere Figuren schlagen, darf aber kein Feld betreten, auf dem er selbst gefangen genommen werden könnte, also im Schach stünde. Im Augenblick versuche lediglich, dir diesen grundlegenden Zug einzuprägen (Diagramme 1 und 2).

Es gibt einen weiteren Zug oder eher Sprung, den der König genau einmal pro Partie machen darf. Er heißt Rochade und wird auf Seite 26 erläutert.

Schon gewusst?

Schach wird auch manchmal das Königsspiel genannt, denn die Legende besagt, es sei erfunden worden, um einen König zu unterhalten. Viele Monarchen haben selbst Schach gespielt, so auch der englische König Wilhelm der Eroberer, von dem es heißt, er habe ein Schachbrett auf dem Kopf eines französischen Prinzen zerbrochen.

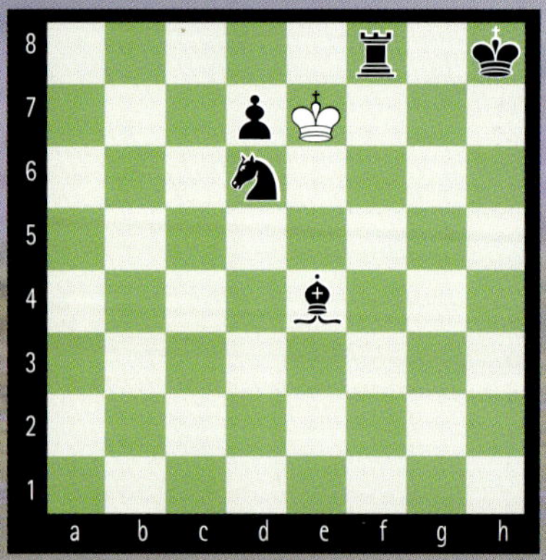

Kontrollaufgabe

Welche Figuren kann der weiße König schlagen? Lösung auf S. 60.

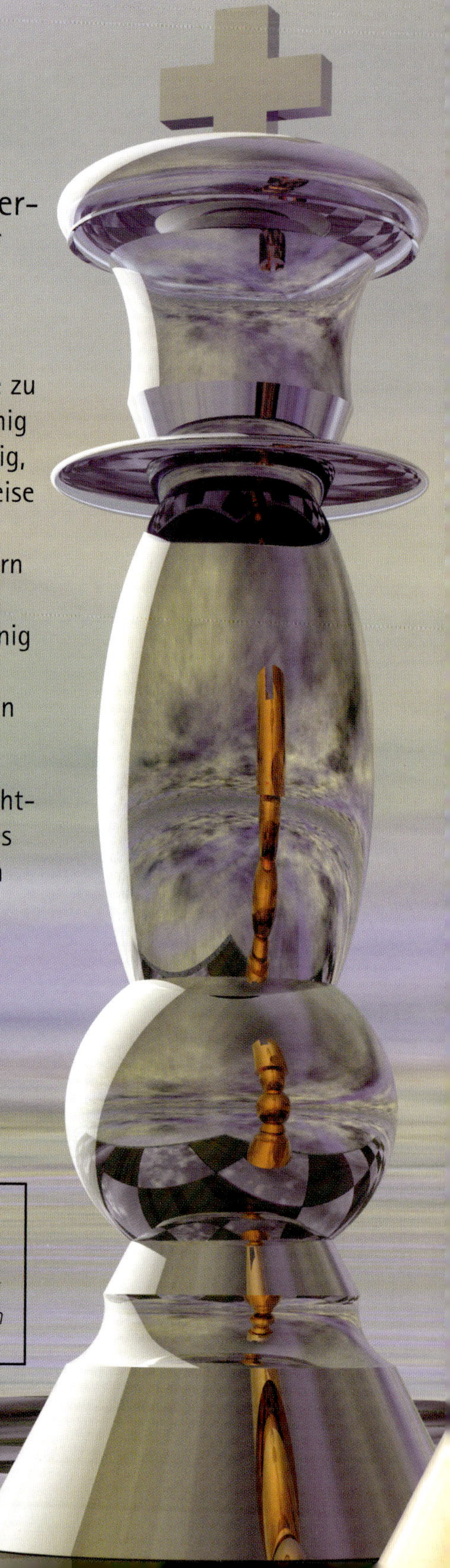

Der Turm

Zu Beginn des Spiels zählt deine Armee zwei Türme. Sie stehen in den Ecken des Schachbretts und sehen aus wie die Ecktürme einer Burg.

Türme sind mächtige Figuren, zu Beginn der Partie sind sie jedoch unbeweglich, weil sie von anderen Steinen umgeben werden. Zur Entfaltung kommen sie erst später, wenn sich das Spiel geöffnet hat.

Ein Turm kann sich waagerecht oder senkrecht über das ganze Brett bewegen, vorausgesetzt ihm steht kein anderer Stein im Wege. Türme sind nicht in der Lage, über andere Figuren hinweg zu springen. Eine Ausnahme bildet die Rochade *(siehe S. 26)*.

In dieser Stellung **(Diagramm 1)** kann der Turm auf jedes der Felder ziehen, die die Pfeile durchlaufen. Vergleiche einmal die Beweglichkeit des Turmes mit der beschränkten Schrittweite des Königs. Das kommt dem Unterschied zwischen einem Hasen und einer Schildkröte gleich. Der Turm kann in einem Schritt das ganze Brett überqueren, aber das geht nur, wenn ihm nichts im Wege steht. Hier zum Beispiel kommt er allerdings nicht am weißen König vorbei **(Diagramm 2)**.

Schon gewusst?

Als die Araber das Schachspiel nach Europa brachten – etwa um 700 n. Chr. –, hieß die Figur des Turmes „rukh" (= Streitwagen). Im Englischen ist dies bis heute so (rook). Aber Streitwagen waren damals schon nicht mehr modern. Rein äußerlich wurde die Figur deshalb bereits im Mittelalter zu einem Turm einer Burg, was der damaligen Gesellschaft und Kriegsführung besser entsprach.

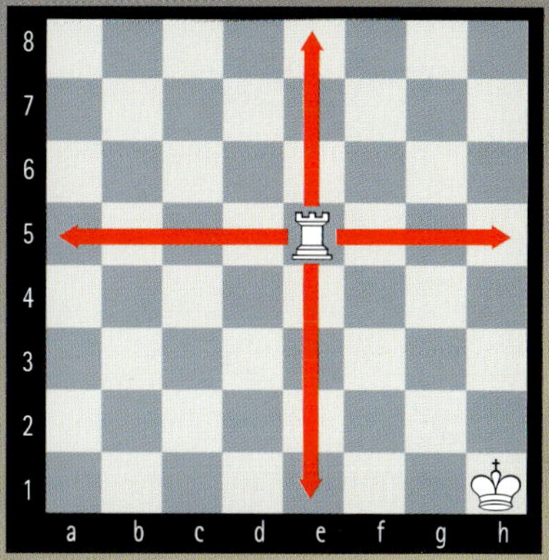

1

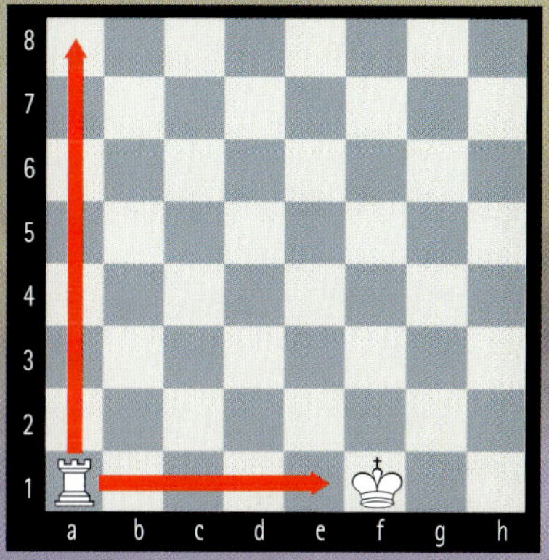

2

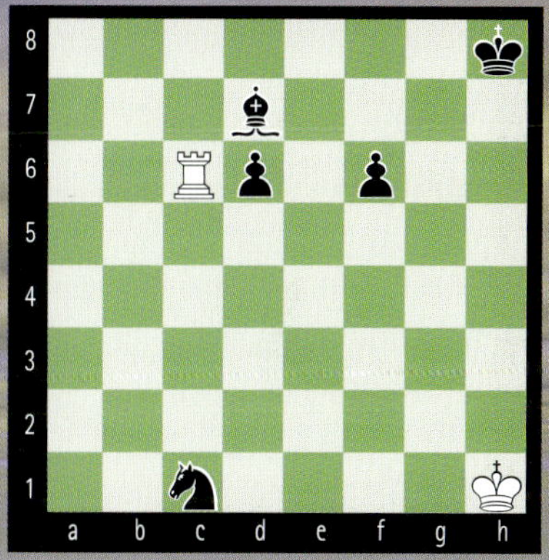

Kontrollaufgabe

Welche Figuren kann der weiße Turm schlagen? Lösung auf S. 60.

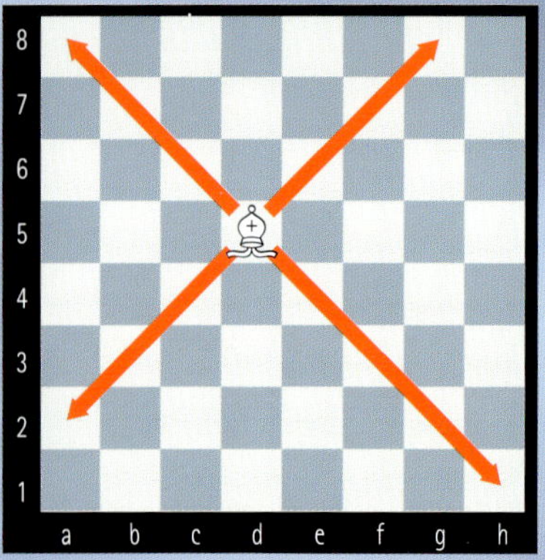

1

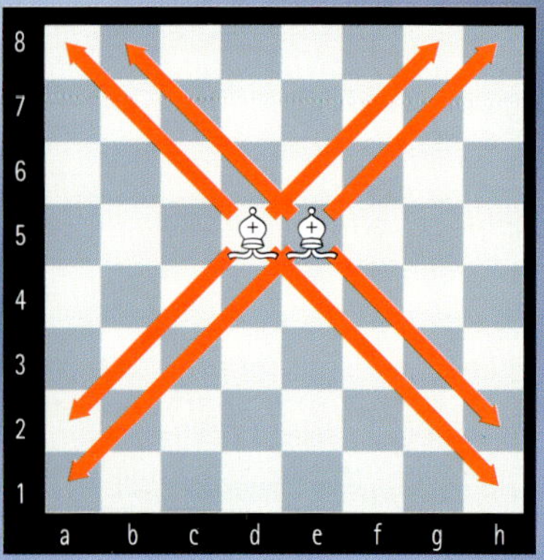

2

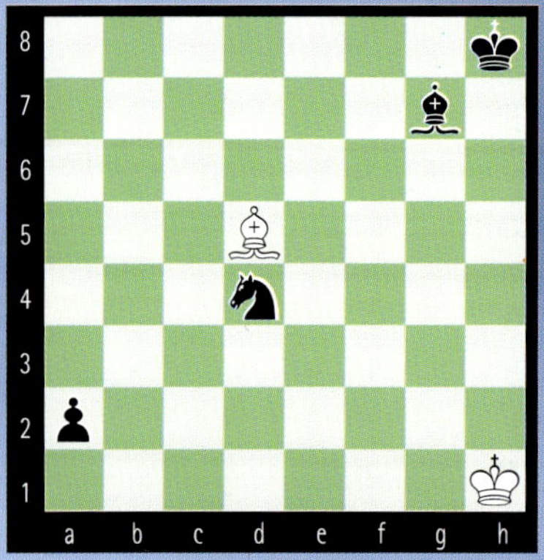

Kontrollaufgabe

Welche Figuren kann der weiße Läufer schlagen? Lösung auf S. 60.

Der Läufer

Direkt neben dem König und der Dame stehen zu Beginn der Partie die Läufer.

Ein Läufer darf sich entlang der Diagonalen vorwärts und rückwärts bewegen. Vorausgesetzt, keine Figur steht ihm im Wege, zieht er beliebig viele Felder weit. Entlang der Pfeillinien kann er jedes Feld einnehmen **(Diagramm 1)**.

Beide Spieler haben zwei Läufer: einen, der sich auf den schwarzen Feldern fortbewegt und einen, der über die weißen Felder zieht. Die gesamte Partie hindurch bleibt der weißfeldrige Läufer auf den weißen Feldern, und der schwarzfeldrige Läufer sucht sich seinen Weg auf den schwarzen Feldern **(Diagramm 2)**.

In einer offenen Stellung kann ein „Läuferpaar" sehr stark werden und großen Einfluss auf das Spielgeschehen nehmen. Oftmals stehen die Läufer am Rande des Brettes besonders gut. Dort sind sie weit genug entfernt von den plündernden feindlichen Figuren und können doch das Zentrum und sogar die andere Seite des Schachbretts beherrschen.

Schon gewusst?

In Indien, wo das Schachspiel einst begann, hießen die Läufer „Elefanten". In einigen Sprachen ist dieser Name bis heute erhalten geblieben. So sagt man beispielsweise im Russischen zu der Figur des Läufers „slon", was „Elefant" bedeutet.

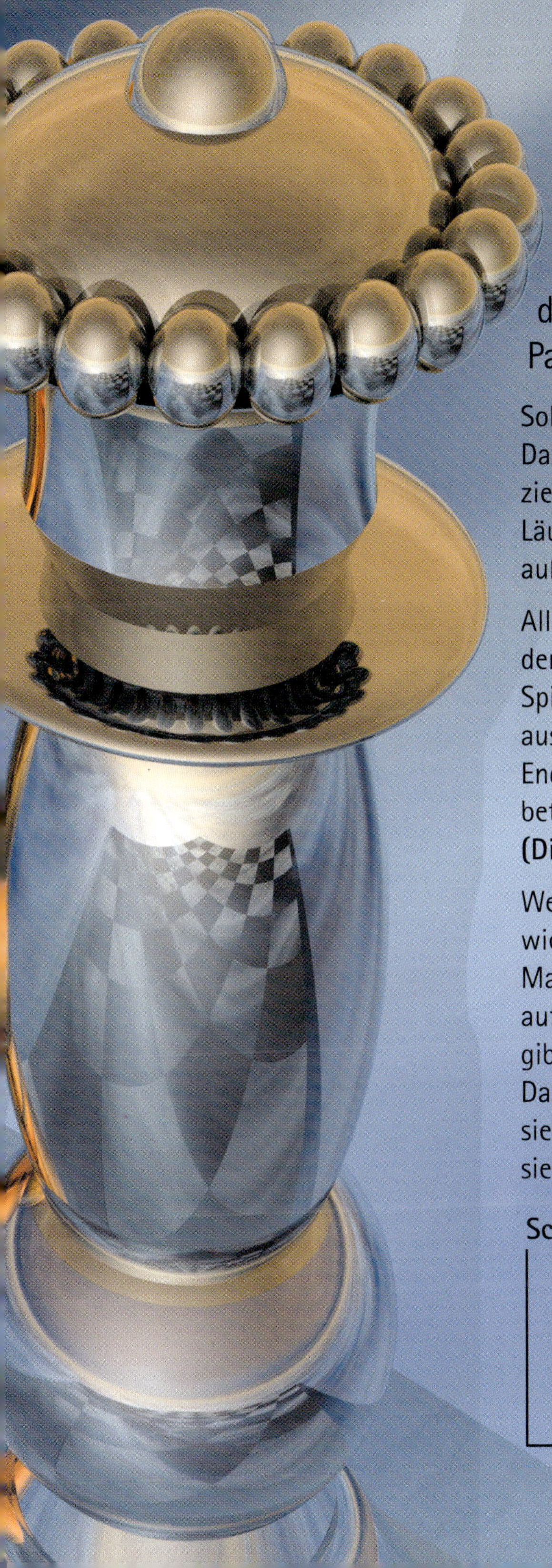

Die Dame

Die Dame ist leicht zu erkennen – auf der Spitze trägt diese Schachfigur die Krone einer Königin. Die Dame ist ein wenig kleiner als der König und steht zu Beginn der Partie an seiner Seite.

Solange kein Stein ihr im Wege steht, darf die Dame waagerecht und senkrecht über das Brett ziehen, wie ein Turm, oder auch diagonal wie ein Läufer. Steht sie im Zentrum, übt die Dame eine außergewöhnliche Macht aus **(Diagramm 1)**.

Allerdings muss sie sich gar nicht unbedingt in der Brettmitte befinden, um entscheidend auf das Spielgeschehen einzuwirken. Sogar von der Ecke aus erstreckt sich ihr Einfluss bis hin zum anderen Ende des Brettes. Die Dame darf sämtliche Felder betreten, die entlang der Pfeillinien liegen **(Diagramm 2)**.

Wenngleich der König in deiner Armee die wichtigste Figur ist, hat doch die Dame die größte Macht auf dem Schachbrett. Du musst also gut auf sie aufpassen – wenn sie einmal verloren ist, gibt es meist keine Rettung mehr. Versuche, die Dame nicht zu früh herauszubringen. Du solltest sie erst entwickeln, wenn du ein sicheres Feld für sie gefunden hast.

Schon gewusst?

Ursprünglich, in Indien und Persien, hieß diese Figur „Wesir" und hatte nur sehr wenig Kraft. Erst im 16. Jahrhundert wurde die Dame zu einer mächtigen Figur, was zum allgemeinen Wandel in der Gesellschaft passte.

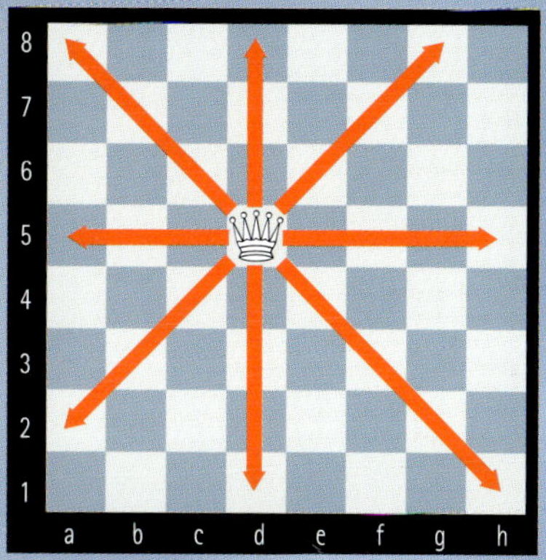

1

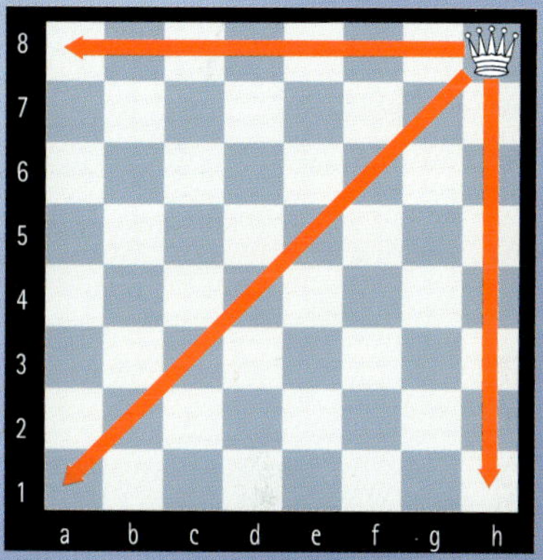

2

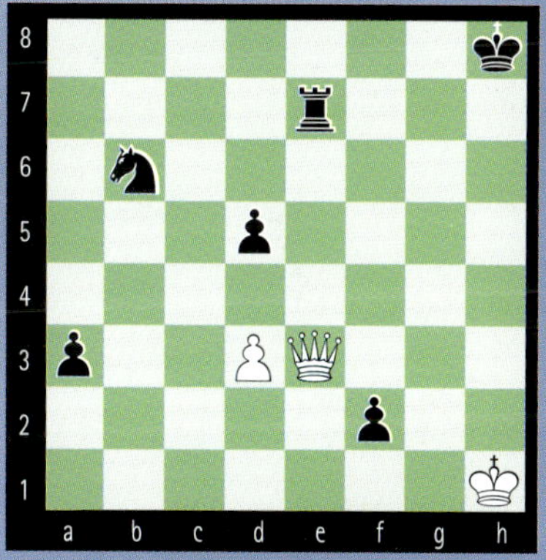

Kontrollaufgabe

Welche Figuren kann die weiße Dame schlagen? Lösung auf S. 60.

Der Springer

Der Springer ist ein besonders listiges Mitglied deiner Armee. Nur er ist in der Lage, über andere Steine hinweg zu ziehen. Diese Eigenschaft und seine besondere Gangart sorgen dafür, dass der Gegner ihn nur schwer in den Griff bekommt.

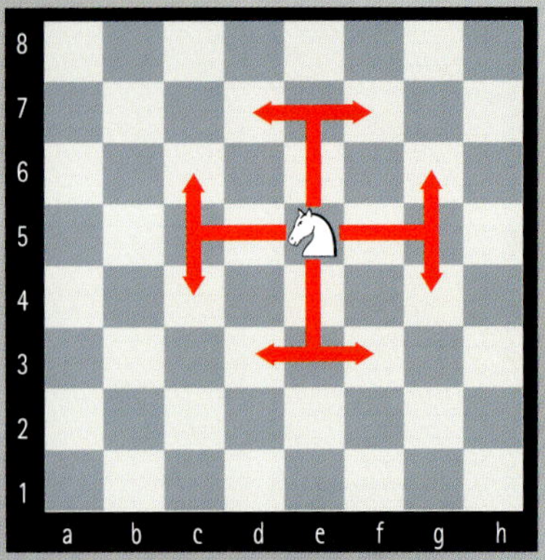

1

Der Springer zieht zwei Felder geradeaus und eines zur Seite, nach rechts oder links. Möglicherweise fällt es dir leichter, diesen Zug als L-förmigen Schritt zu sehen **(Diagramm 1)**.

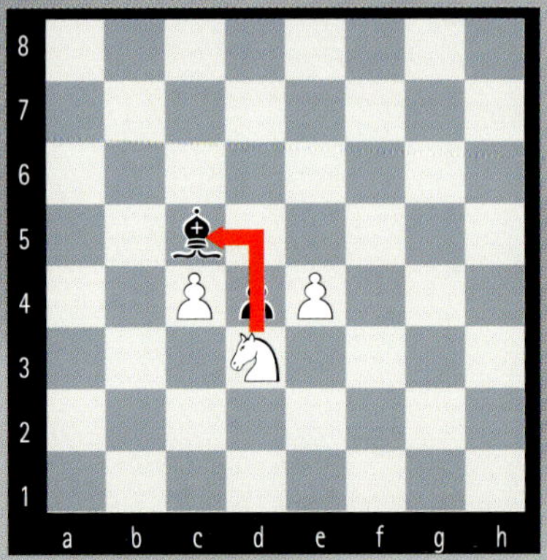

2

Durch den Springer kommt Bewegung in das Spiel. In Stellungen, die blockiert erscheinen, kann er einen Durchbruch erzwingen, denn als einzige Figur ist der Springer fähig, über andere Steine hinweg zu ziehen. Hier zum Beispiel kann er den Läufer schlagen, der auf der anderen Seite der Bauern steht **(Diagramm 2)**.

Weil der Springer eine kurzschrittige Figur ist, kommt er dort kaum zur Geltung, wo sein Einflussbereich beschränkt wird: am Brettrand oder in der Ecke. Du wirst merken, dass er im Zentrum viel stärker ist, denn dort hat er deutlich mehr Zugmöglichkeiten.

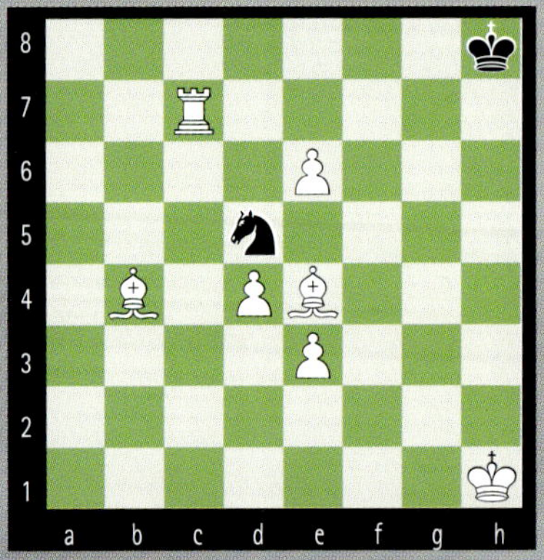

Kontrollaufgabe

Welche Figuren kann der schwarze Springer schlagen? Lösung auf S. 60.

Schon gewusst?

Soweit wir wissen, hat es die L-förmige Gangart des Springers schon immer gegeben, seit das Schachspiel am Ende des 6. Jahrhunderts in Indien begann. Diese springende Figur stand stets für die Kavallerie.

♟ Der Bauer

Acht Bauern stehen vor deinen Figuren. Sie sind das Fußvolk, also die am wenigsten wertvollen Mitglieder deiner Streitmacht. Dennoch spielen sie in der Schachpartie eine entscheidende Rolle.

Bei ihrem ersten Zug können die Bauern entweder zwei Felder weit ziehen oder eines. Danach dürfen sie mit jedem Zug nur noch ein Feld weit vordringen **(Diagramm 1)**. Rück- oder seitwärts können sie nicht ziehen. Neben anderen Verpflichtungen haben die Bauern den Auftrag, das Gelände abzustecken, bevor die wichtigsten Figuren in die Schlacht ziehen.

Im Gegensatz zu allen übrigen Steinen schlagen Bauern anders, als sie normalerweise vorwärtsziehen: Sie schlagen ein Feld diagonal nach vorn. Hier zum Beispiel könnte sich Weiß als Beute den Turm oder den Springer aussuchen **(Diagramm 2)**.

Bauern haben eine besondere Eigenschaft, die in vielen Partien entscheidende Wirkung hat: Wenn ein Bauer das andere Ende des Brettes erreicht, muss er sich umgehend in eine andere Figur verwandeln – einen Springer, Läufer, Turm oder eine Dame **(Diagramm 3)**. Die meisten Spieler entscheiden sich für eine neue Dame, weil sie die mächtigste Figur auf dem Brett ist. Zur Umwandlung eines Bauern kommt es meist erst gegen Ende der Partie, wenn nur noch wenige Figuren den Vormarsch des Bauern behindern.

Schon gewusst?

Im 18. Jahrhundert nannte der französische Spieler André Philidor die Bauern „Seele des Schachs". Er erkannte, dass die Bauern trotz ihrer eingeschränkten Beweglichkeit oft in der Lage sind, den Verlauf und den Ausgang einer Partie zu bestimmen.

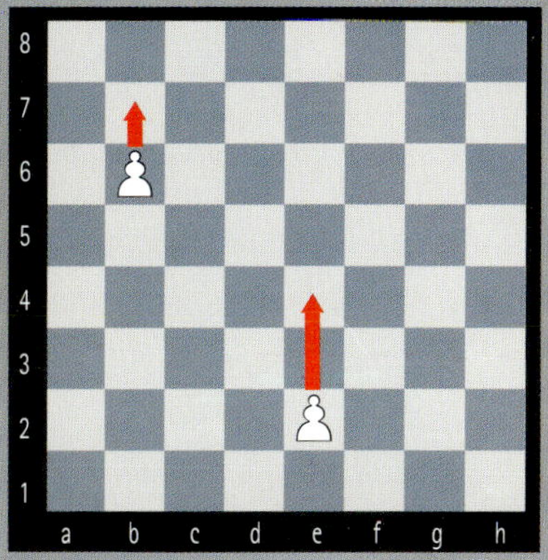

1

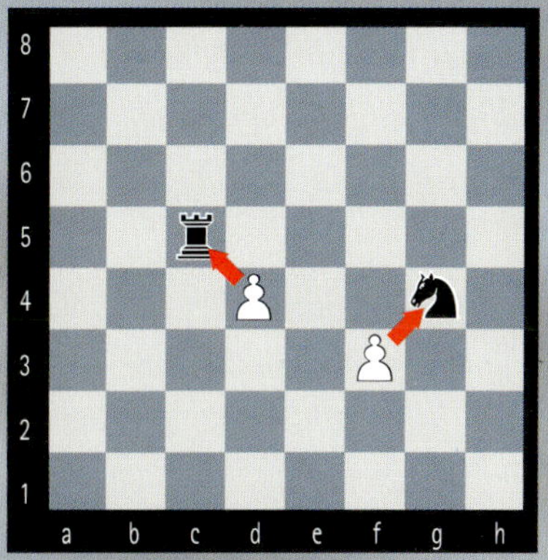

2

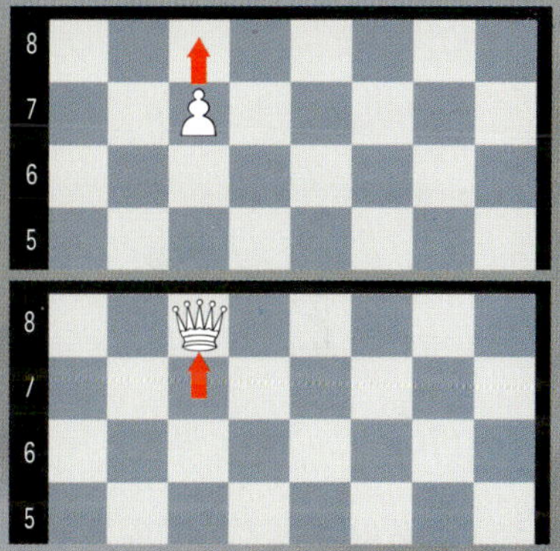

3

NOTATION

Schachpartien aus früheren Jahrhunderten konnten nur deshalb bis heute überleben, weil die einzelnen Züge aufgeschrieben wurden. In der Vergangenheit gab es mehrere Arten, Züge zu notieren. Heute dominiert das „algebraische System" überall in der Welt.

ALGEBRAISCHE NOTATION

„Algebraische Notation" klingt viel komplizierter, als es ist. Falls du jemals einen Stadtplan benutzt hast, ist dir das System bereits bekannt. Die algebraische Notation basiert auf einem einfachen Gittersystem aus acht Buchstaben und acht Zahlen. Wie die nebenstehenden Diagramme zeigen, kann man durch die Kombination eines Buchstabens mit einer Zahl jedes einzelne Feld benennen.

Um die vielen Diagramme in diesem Buch lesen zu können oder um Schachbücher und -zeitschriften zu lesen, ist es wichtig, die Schachnotation zu lernen. Später kannst du dann auch deine eigenen Partien der Nachwelt überliefern!

Die Senkrechten heißen im Schach „Linien" und werden mit den Buchstaben a bis h bezeichnet. Die Waagerechten heißen „Reihen" und werden von 1 bis 8 nummeriert. Mit diesem System kann man auf einfache Weise jedes Feld auf dem Schachbrett mit einem Buchstaben und einer Zahl benennen.

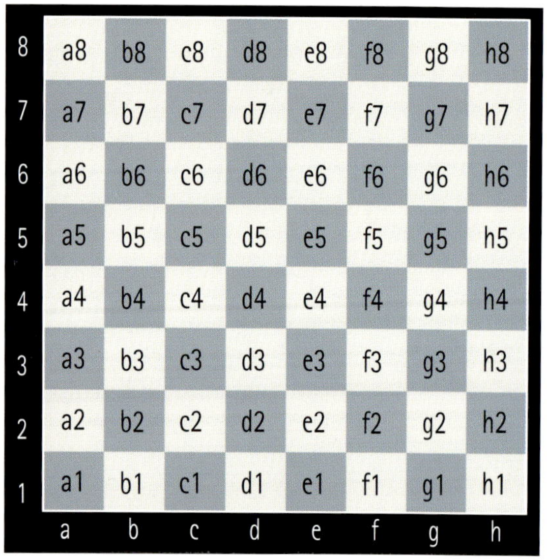

So heißt zum Beispiel das Feld in der Ecke rechts unten h1 – der Buchstabe steht dabei immer vor der Zahl. Egal, auf welcher Seite des Brettes du sitzt, die Zahlen und Buchstaben bleiben immer die gleichen: Das Feld h1 liegt für Weiß immer im rechten unteren Ecke.

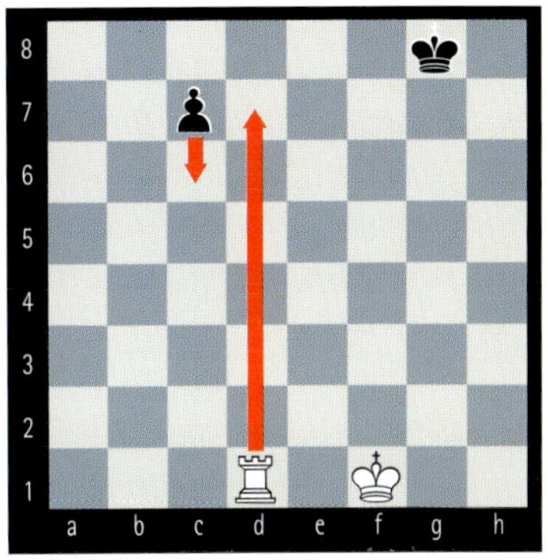

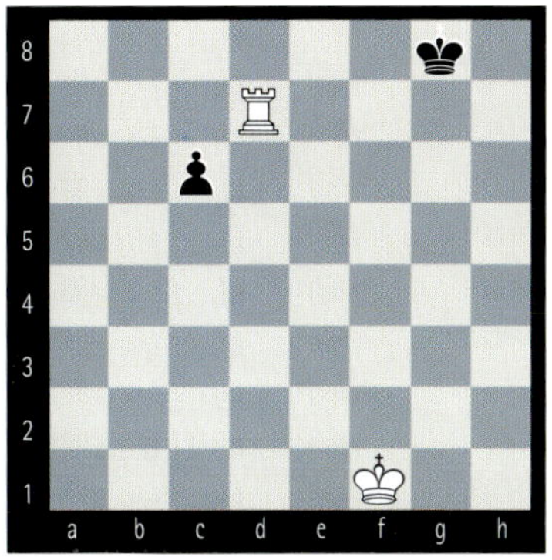

1 *Sieh dir einmal diese Stellung an. Der Turm zieht über das Brett und Schwarz antwortet mit einem Bauernzug. Diese Züge würde man folgendermaßen notieren:* **1. Td7–c6.**

2 *Der erste Zug wird mit* **1.** *bezeichnet,* **T** *steht für den Turm und* **d7** *gibt das Feld an, auf das der Turm zieht. Der Strich – zeigt an, dass jetzt die Antwort von Schwarz folgt. Der Bauer zieht auf das Feld* **c6**. *Bauern bekommen keinen Buchstaben – nur das Feld, auf das sie ziehen, wird angegeben.*

Mit Ausnahme des Bauern wird jede Figur durch einen einzelnen Großbuchstaben bezeichnet:

K König
D Dame
T Turm
L Läufer
S Springer

Die Figuren bekommen immer einen Großbuchstaben, die Benennung der Linien hingegen erfolgt stets in Kleinschreibung.

Hier ist eine einfache Aufgabe. Stelle deine Steine für den Partiebeginn auf und spiele die folgenden Züge auf deinem Brett nach (x zeigt ein Schlagen an und + steht für ein Schachgebot).

1. e4 - c5
2. Sf3 - d6
3. d4 - cxd4
4. Sxd4 - Sf6
5. Lb5+ - Sbd7

Du solltest nun die Stellung im Diagramm 3 erreicht haben.

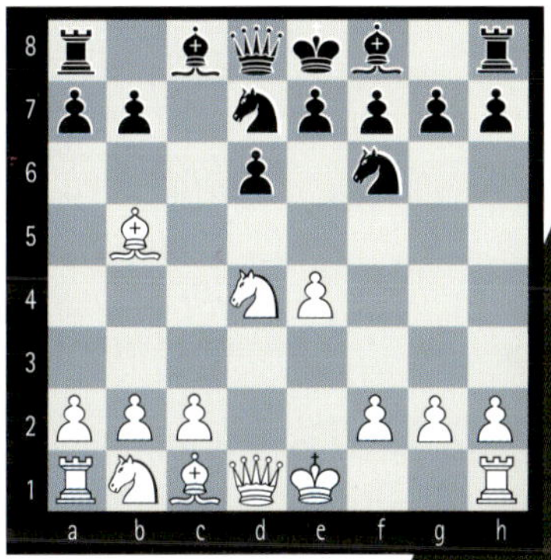

3 *Beim dritten Zug ist für den schlagenden schwarzen Bauern die Linie angegeben, von der er kommt (eine Ausnahme zu der Regel, dass immer nur das Zielfeld angegeben wird). In diesem Fall war der Bauer auf der c-Linie und schlug einen Stein auf dem Feld d4, also* **3. ... cxd4**. *(Die drei Punkte zeigen an, dass es sich um einen schwarzen Zug handelt.) Im fünften Zug könnten beide schwarzen Springer auf das Feld d7 ziehen, deshalb wird das b genutzt, um klarzustellen, welcher der beiden den Zug ausführt, in diesem Falle der Springer von der b-Linie.*

Der weiße König wird vom Turm angegriffen. Wir sagen, der König steht im Schach. Nach den Spielregeln muss sich der König sofort in Sicherheit bringen. Hier bleibt ihm nur eine einzige Möglichkeit – er kann nur ein Feld vor ziehen.

1

Schon gewusst?

Viele Spieler sagen ein „Schach" gern an, aber nach den Spielregeln ist dies nicht erforderlich. Oftmals sagt man es nur, um den Gegner nervös zu machen. Im Schach wird mit harten Bandagen gekämpft!

Schach und Matt I

Du weißt inzwischen, wie die Figuren ziehen, und so ist es nun an der Zeit, sich mit den Begriffen „Schach" und „Matt" zu beschäftigen.

Den gegnerischen König schachmatt zu setzen, ist das eigentliche Ziel des Schachspiels. Der Ausdruck kommt von Altpersisch „shah mat", was so viel bedeutet wie „Der König ist besiegt". Du musst den feindlichen König so mit einer deiner Figuren bedrohen, dass er sich nicht mehr befreien kann. Normalerweise kommt es zum Matt, wenn eine Seite eine deutliche Übermacht hat oder aber wenn ein direkter Angriff auf den König erfolgt ist.

Schach bieten ist nicht ganz das Gleiche. In diesem Fall wird der König zwar durch eine Figur angegriffen, es gelingt ihm aber noch, zu entkommen. Mit anderen Worten, ein Schachgebot ist nicht unbedingt schon das Ende der Partie. Die illustrierten Stellungen zeigen, was gemeint ist.

Diesmal hat sich die Stellung ein wenig verändert: Erneut steht der weiße König im Schach des Turmes, aber hier gibt es kein Entrinnen. Der König wird von seinen eigenen Figuren eingesperrt, er kann sich nicht aus dem Schach herausbewegen. Wir sagen, er ist schachmatt. Die Partie ist zu Ende, Weiß hat verloren!

2

WELCHEN VORTEIL HAT ES, SCHACH ZU BIETEN?

Keine Panik, wenn dein Gegner plötzlich mit Wucht eine Figur auf das Brett stellt und „Schach" ruft. Damit ist die Partie noch lange nicht zu Ende, und manchmal ist das gar kein vorteilhafter Zug. Wofür also ist das Schachbieten nützlich?

- Ein Schachgebot kann helfen, Zeit zu gewinnen.
- Es kann auch den gegnerischen König zwingen, auf ein schwaches Feld zu ziehen, wo er dann angreifbar ist.

KONTROLLÜBUNGEN

Um dich zu vergewissern, dass du verstanden hast, was mit „Schach" und „Matt" gemeint ist, findest du hier sechs Übungsaufgaben. Finde heraus, ob es sich um ein Schachgebot oder um ein Matt handelt, und wenn es nur ein Schachgebot ist, suche einen Ausweg. Die Lösungen stehen auf den folgenden beiden Seiten. Bevor du dort nachschaust, versuche die Aufgaben allein zu lösen.

Schon gewusst?

Wenn du einmal übersehen hast, dass dein König im Schach steht, heißt das nicht automatisch, dass du verloren hast. Dein Gegner muss dir erlauben, deinen letzten Zug zurückzunehmen und sogleich einen neuen Zug auszuführen, der dich aus dem Schach bringt.

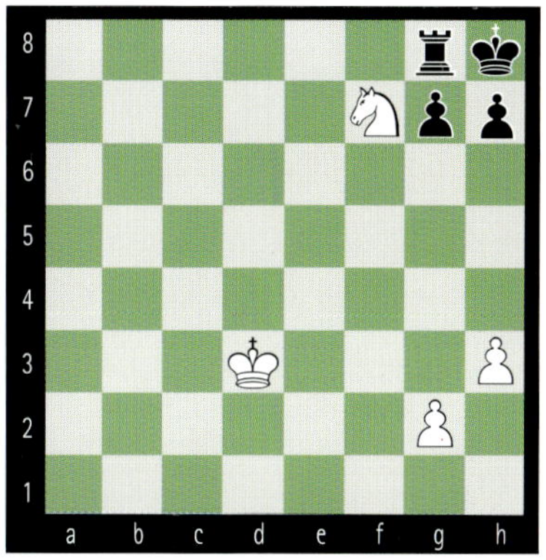

1 *(Schwarz ist am Zug)*
Ist dies ein Schach oder ein Matt?

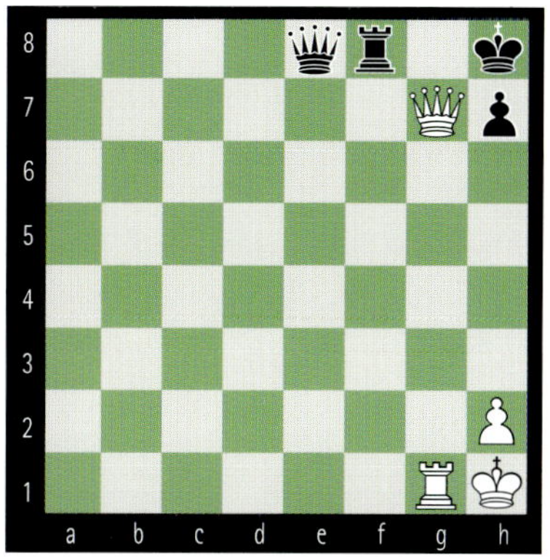

2 *(Schwarz am Zug)*
Ist dies ein Schach oder ein Matt?

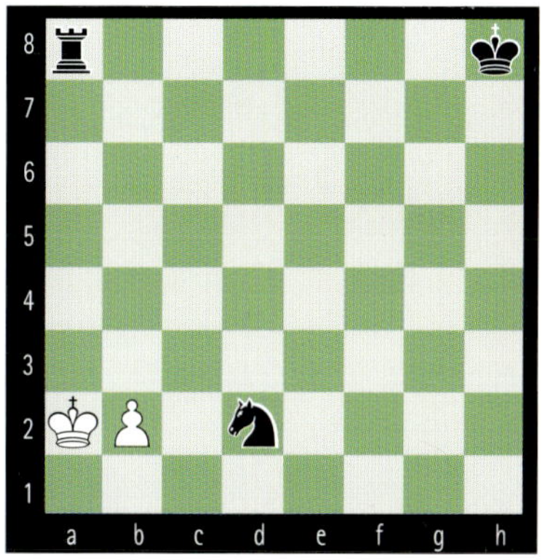

3 *(Weiß am Zug)*
Ist dies ein Schach oder ein Matt?

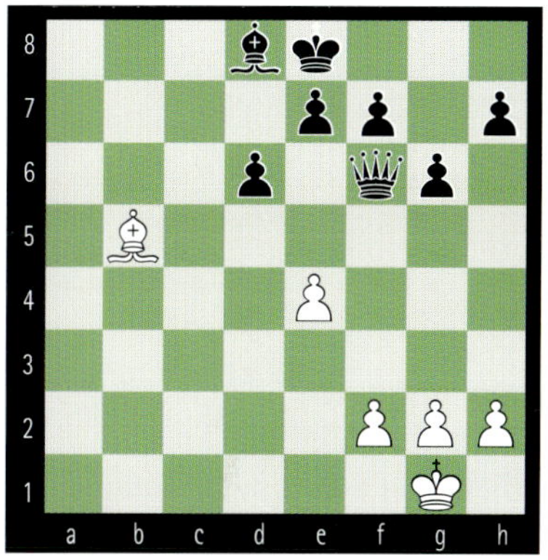

4 *(Schwarz am Zug)*
Ist dies ein Schach oder ein Matt?

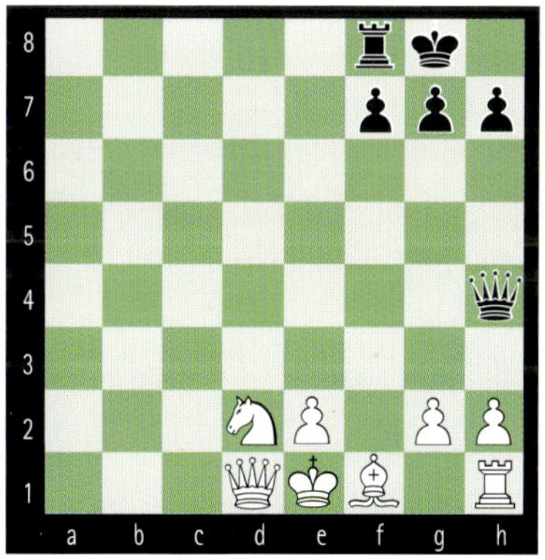

5 *(Weiß am Zug)*
Ist dies ein Schach oder ein Matt?

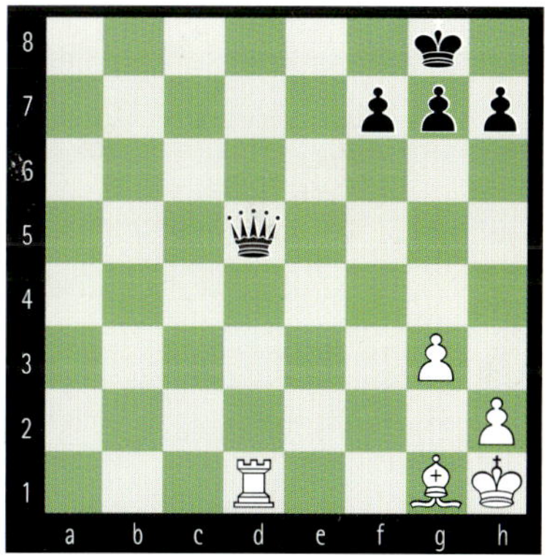

6 *(Weiß am Zug)*
Ist dies ein Schach oder ein Matt?

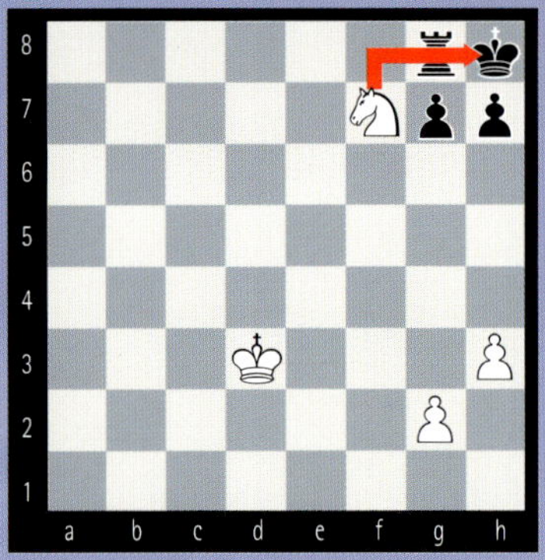

❶ *In dieser Stellung wurde Schwarz matt gesetzt. Der weiße Springer greift den König an, aber der König kann nicht entkommen, weil er von seinen eigenen Figuren blockiert wird („ersticktes Matt").*

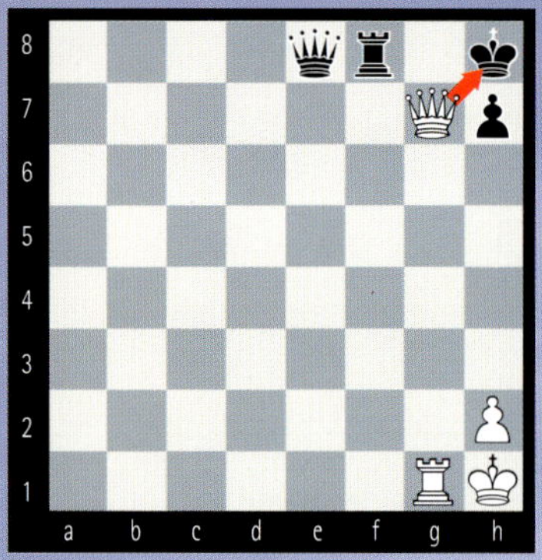

❷ *Auch hier wurde Schwarz matt gesetzt. Der König ist in der Ecke gefangen und steht im Schach der weißen Dame. Er kann die Dame nicht schlagen, da sie vom Turm auf g1 gedeckt wird.*

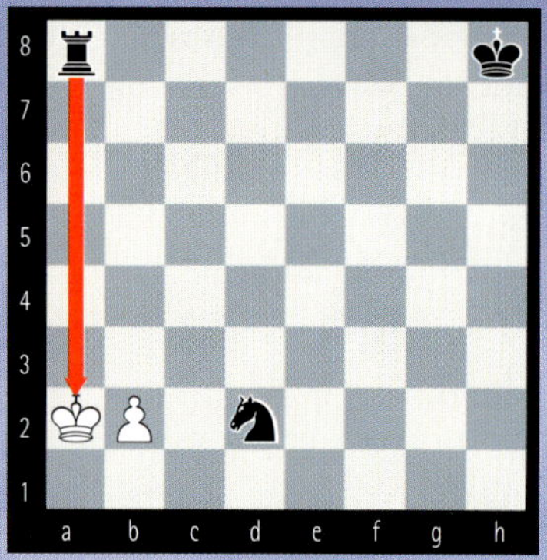

❸ *Weiß wurde matt gesetzt. Der König steht im Schach des Turmes und kann nicht fliehen. Er kann weder nach b3 noch nach b1 ziehen, weil der Springer beide Felder beherrscht.*

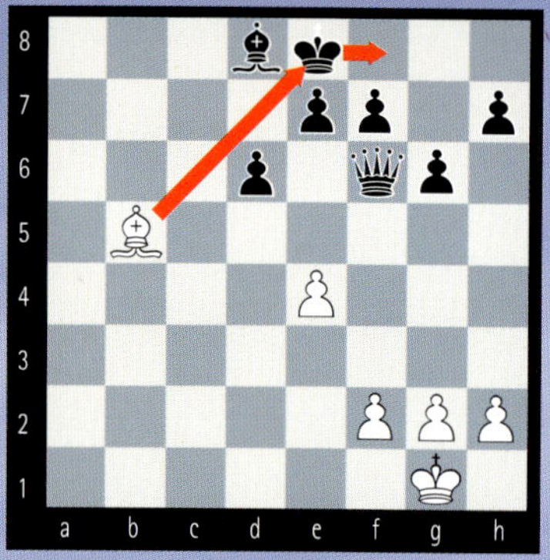

❹ *Dem schwarzen König wird Schach vom Läufer geboten, jedoch ist dies kein Matt. Der König kann ein Feld zur Seite ziehen und so der Gefahr entkommen.*

Schach und Matt II – Lösungen

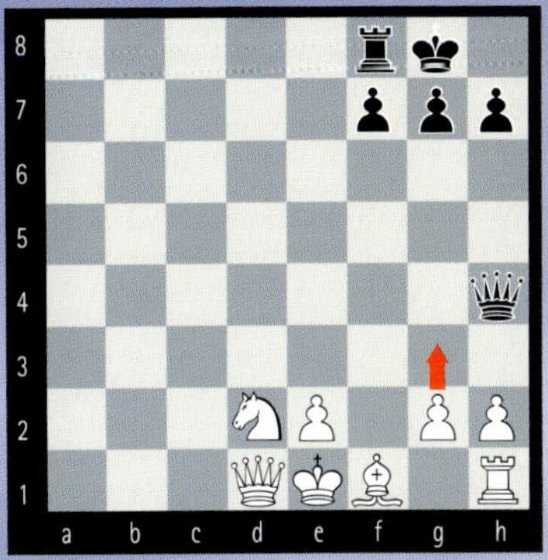

❺ *Weiß steht im Schach, ist aber nicht schachmatt. Der Bauer auf g2 kann ein Feld nach vorn ziehen und das Schach der Dame aufheben. Schwarz wäre nun schlecht beraten, wenn er mit seiner Dame den Bauern auf g3 nehmen würde, denn dieser ist durch den Bauern auf h2 gedeckt.*

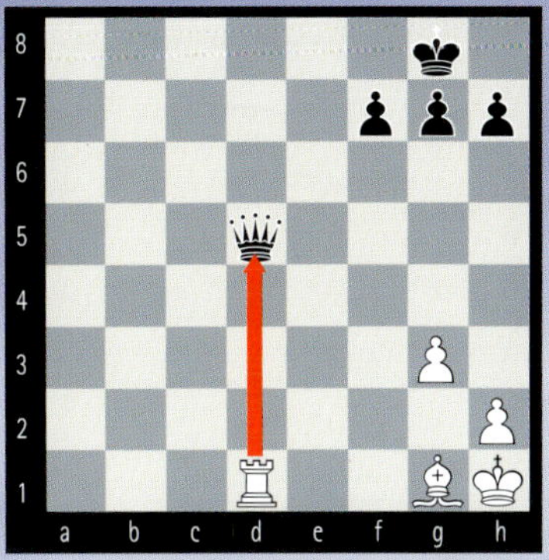

❻ *Die schwarze Dame bietet dem weißen König in der Ecke Schach. Dennoch ist dies kein Matt, denn der weiße Turm kann die schwarze Dame nehmen und so Weiß einen überwältigenden Vorteil verschaffen.*

Die drei letzten Stellungen zeigen die drei Möglichkeiten, sich einem Schachgebot zu widersetzen – durch Wegziehen des Königs, durch Dazwischenziehen eines weiteren Steines oder durch das Schlagen der Schach bietenden Figur.

Wenn du versuchst, einen Weg aus dem Schach zu finden, denke an diese drei Schlüsselbegriffe: Wegziehen, Dazwischenziehen und Schlagen.

Materialgewinn

Das Mattsetzen des Gegners ist das eigentliche Ziel einer Partie. Aber mit welcher Strategie kann man dies am besten erreichen?

Oft ist der gegnerische König von einem Schutzwall anderer Figuren umgeben. Dann ist ein direkter Angriff möglicherweise nicht erfolgreich. Du kannst aber stattdessen „Materialgewinn" anstreben.

Zum Mattsetzen benötigt man zumeist eine Übermacht an Streitkräften. Deshalb sollte deine Strategie darauf ausgerichtet sein, die eigene Armee zu schützen und gleichzeitig die Figuren des Gegners in die Enge zu treiben und dann zu schlagen. Es ist nicht ratsam, den feindlichen König anzugreifen, solange du noch nicht mehr Figuren auf dem Brett hast als dein Gegner. Du musst dir also vor jedem Zug zwei wichtige Fragen stellen:

1. Kann ich eine feindliche Figur schlagen?
2. Ist irgendeine meiner Figuren bedroht?

Behalte diese Fragen im Kopf, wenn du die folgenden Stellungen betrachtest.

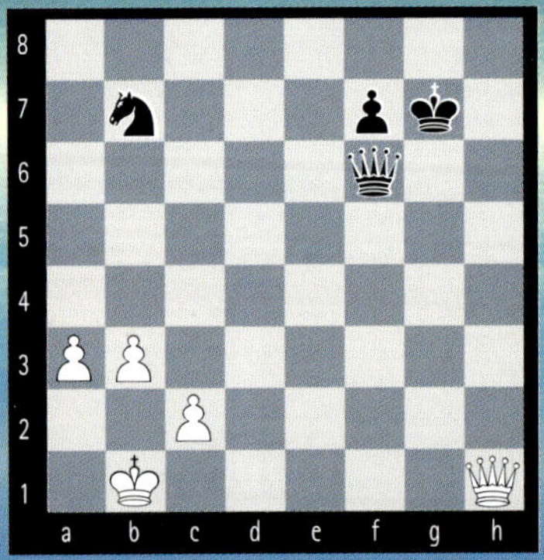

1 *Angenommen, du seist Weiß. Bedroht Schwarz irgendwelche deiner Figuren? Kannst du einen oder mehrere schwarze Steine schlagen?*

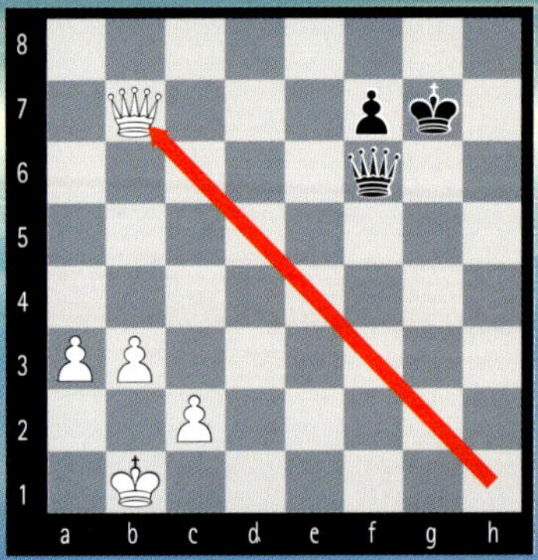

2 *Weiß ist keinem Angriff ausgesetzt, kann also mit der Dame auf die andere Seite des Brettes ziehen und dort den schwarzen Springer nehmen.*

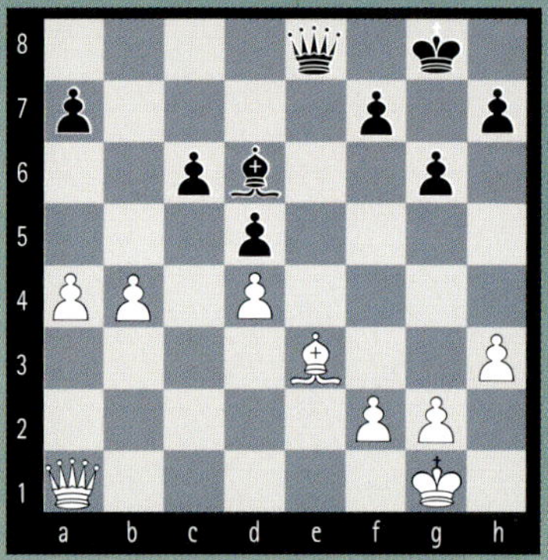

3 *Stell dir vor, du seist Schwarz. Sind irgendwelche deiner Steine angegriffen? Kannst du eine oder mehrere weiße Figuren schlagen?*

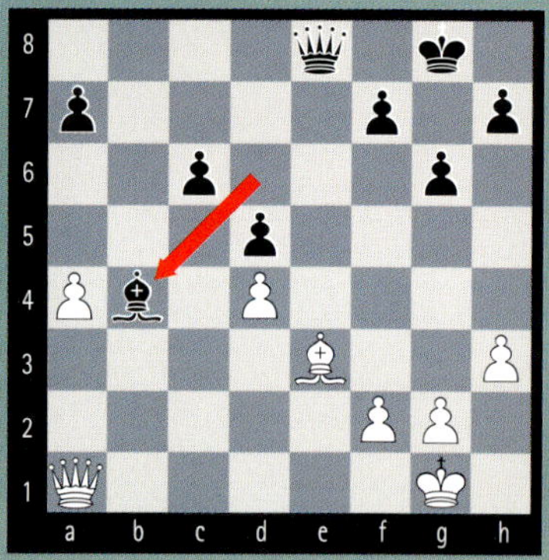

4 *Keine der schwarzen Figuren ist bedroht, du kannst also angreifen. Auf dem Feld b4 steht ein Bauer, den der Läufer nehmen kann:* **1 ... Lxb4**. *Schwarz hat einen Bauern gewonnen.*

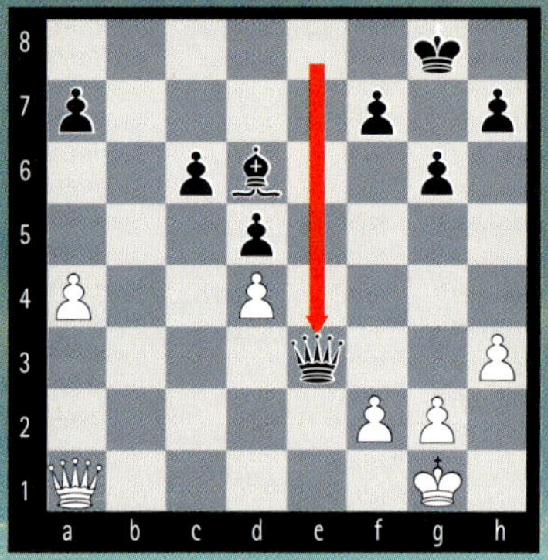

5 *Ist dir im Diagramm 3 aufgefallen, dass Schwarz noch eine weitere Drohung aufstellt? Die Dame kann den weißen Läufer auf e3 nehmen. Einen Läufer zu erwischen ist besser als einen Bauern.*

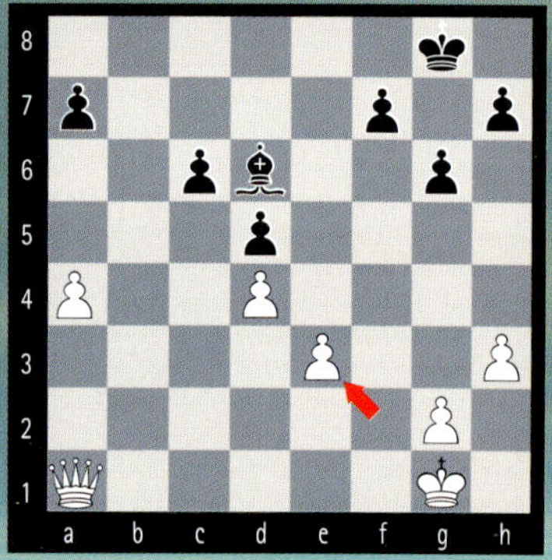

6 *Nicht in diesem Falle. Weiß könnte danach nämlich die Dame schlagen und einen entscheidenden Materialvorteil erringen.*

Das letzte Beispiel **(Diagramm 6)** bringt uns zu einem wichtigen Thema im Schach – der Frage, wie viel jede Figur eigentlich wert ist. Dieser Wert bestimmt sich durch die Macht, die die einzelne Figur auf dem Brett hat. Wenn du diese Werte im Kopf behältst, wird es dir leichter fallen zu entscheiden, welche Figuren du tauschst und welche du lieber behältst.

Mit ihrer großen Beweglichkeit ist die Dame bei weitem die mächtigste Figur auf dem Brett. Sie hat deshalb auch den höchsten Wert: neun Punkte. Danach folgt der Turm mit fünf Punkten. Läufer und Springer sind jeweils drei Punkte wert und zum Schluss kommt der Bauer mit nur einem Punkt. Dies sind nur ungefähre Werte. In einigen Stellungen ist ein Läufer viel schlagkräftiger als ein Springer – und andersherum. Dennoch sind die Punkte hilfreich, wenn es gilt, in der Hitze des Gefechts eine Entscheidung zu treffen.

Im letzen Diagramm zum Beispiel wäre es nicht sinnvoll, den Läufer mit der Dame zu schlagen. Weiß würde die Dame im Wert von neun Punkten gewinnen und müsste dafür nur seinen Läufer im Wert von drei Punkten geben. Materialgewinn für Weiß – also ein schlechter Tausch für Schwarz!

Oft wirst du eine Partie gewinnen, indem du mehr Figuren schlägst als dein Gegner. Dann kannst du ihn im Endspiel besiegen. In der letzten Phase der Partie hast du die größeren Chancen, einen Bauern in eine neue Dame umzuwandeln und den König dann frontal anzugreifen.

Aber bedenke stets, eine Partie wird nicht nur durch das Sammeln gegnerischer Figuren gewonnen. Verliere also nie das eigentliche Ziel aus den Augen – das Matt!

Besondere Züge

Es gibt einen besonderen Zug, bei dem sowohl der König als auch der Turm im selben Zug ihr Ausgangsfeld verlassen können. Dieser Zug heißt Rochade. Die Rochade kann sehr nützlich sein, wenn es darum geht, deinen König zu schützen.

Die Rochade bringt den König auf einen sicheren Platz am Rande des Brettes. Gleichzeitig ermöglicht sie dem Turm, in das Spielgeschehen einzugreifen. Und das alles mit nur einem einzigen Zug!

Du kannst auf beiden Seiten des Brettes rochieren. Auf der Brettseite des Königs spricht man von der „kleinen Rochade" **(Diagramme 1 und 2)** und auf der Seite der Dame von der „großen Rochade" **(Diagramme 3 und 4)**.

1

Der König zieht auf der ersten Reihe zwei Felder nach rechts und der Turm springt über ihn hinüber auf das Feld neben dem König.

2

Nach der Rochade steht der König am Rande des Brettes. Hier ist er viel sicherer aufgehoben als in der Mitte.

Man kann auch auf der anderen Seite des Brettes rochieren. Auch hier zieht der König zwei Felder weit auf der ersten Reihe, diesmal aber nach links, und der Turm springt über ihn hinweg und steht dann auf der anderen Seite neben dem König.

3

Dies ist die lange Rochade. Beachte, dass der König am Ende nicht genauso weit in der Ecke steht wie bei der kurzen Rochade.

4

DIE ROCHADEREGELN

Zu Anfang erscheint das Rochieren vielleicht ein wenig kompliziert. Versuche trotzdem, dir die Regeln schon bald anzueignen, denn die Rochade ist ein wichtiger Zug.

- Die Rochade ist nicht möglich, wenn der König bereits gezogen hat.
- Die Rochade ist nicht möglich, wenn der Turm bereits gezogen hat.
- Die Rochade ist nicht möglich, solange der König im Schach steht.
- Die Rochade ist nicht möglich, wenn der König danach im Schach stünde.
- Die Rochade ist nicht möglich, wenn der König auf einem Feld, das er überquert, im Schach stünde.

Hier sind einige Rochadebeispiele, die dies verdeutlichen sollen **(Diagramme 5 und 6)**.

Schon gewusst?

Sogar unter den größten Schachspielern sind einige, die sich mit den Rochaderegeln schwer getan haben! Viktor Kortschnoi, lange Zeit einer der stärksten Spieler der Welt, musste einmal einen Schiedsrichter fragen, ob eine Rochade erlaubt sei. Ein anderes Mal rochierte er, nachdem sein König bereits gezogen hatte – und das war wirklich gegen die Regeln. Sein Gegner bemerkte nicht, dass der Zug unerlaubt war, und so wurde die Partie fortgesetzt, als sei nichts geschehen.

SCHLAGEN IM VORÜBERGEHEN (EN PASSANT)

Nicht nur der König und der Turm können einen außergewöhnlichen Zug machen. Es gibt auch eine besondere Art, Bauern zu schlagen – allerdings nur in einer ganz bestimmten Situation **(Diagramme 7 und 8)**. Die Spielregel, die man „en passant" nennt, entstand vor 500 Jahren, als Bauern erstmals mit einem Doppelschritt ins Spiel eintreten durften.

Das Schlagen „en passant" ist nur möglich, wenn ein Bauer mit einem Doppelschritt beginnt und auf der angrenzenden Linie ein feindlicher Bauer auf der fünften Reihe steht.

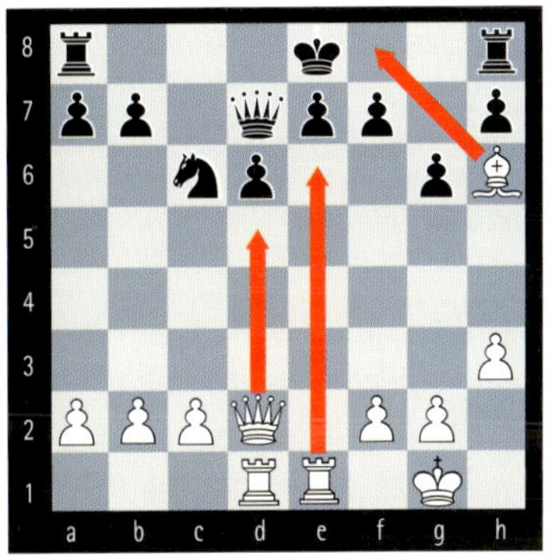

❺ *Der schwarze König wird von den weißen Türmen und der weißen Dame in der Brettmitte stark unter Druck gesetzt. Es ist höchste Zeit, den König aus der Mitte zu entfernen. Schwarz kann die kleine Rochade nicht machen, weil der Läufer das Feld f8 beherrscht. Die große Rochade hingegen ist möglich.*

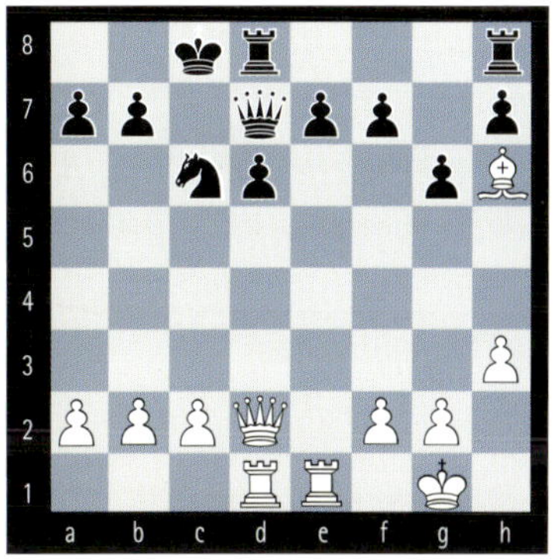

❻ *Ein großer Seitenschritt vom schwarzen König. Durch die Rochade ist der König näher an die sichere Ecke des Brettes gelangt und der schwarze Turm, der zuvor nicht am Spielgeschehen teilnehmen konnte, zieht nun in die Schlacht.*

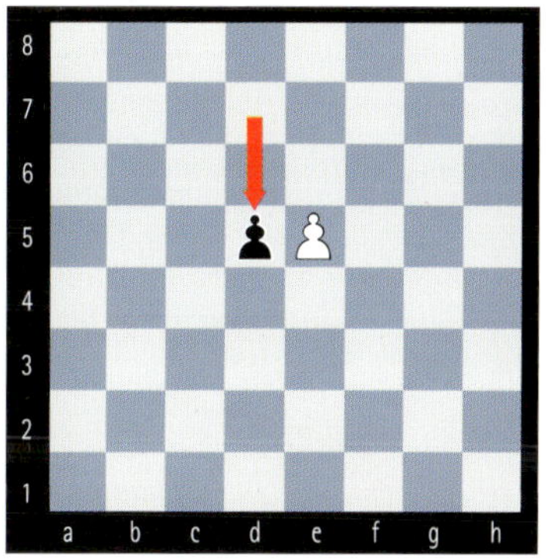

❼ *Wenn ein Bauer mit einem Doppelschritt beginnt, kann ihn ein feindlicher Bauer schlagen, sofern dieser auf der fünften Reihe neben ihm steht.*

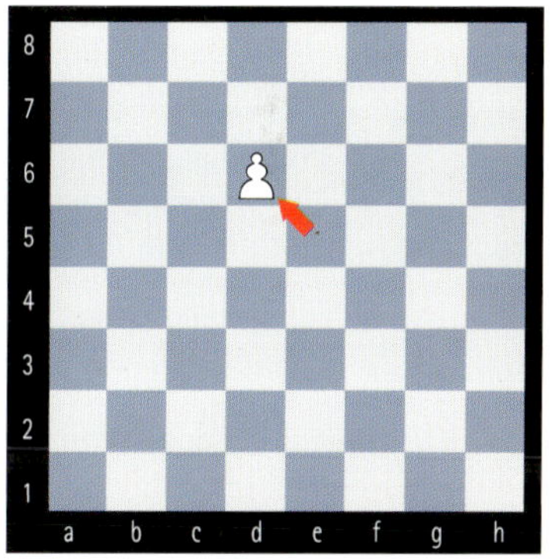

❽ *Der weiße Bauer zieht einen Schritt diagonal hinter den schwarzen Bauern und entfernt diesen. Gerade so, als wäre der schwarze Bauer nur ein Feld vorgezogen.*

Wenn ein Spieler „en passant" schlagen möchte, muss er dies tun, sobald der gegnerische Bauer seinen Doppelschritt gemacht hat. Später verfällt diese Möglichkeit.

Die Eröffnung

Die wichtigsten Grundprinzipien des Schachspiels hast du bereits gelernt. Wie aber fängt man eine Partie am besten an?

Zu Beginn der Partie sind die meisten deiner Figuren eingesperrt. Nur die Bauern können sich fortbewegen, denn sie stehen vor den anderen Steinen, und auch die Springer sind beweglich, sie können über die Bauern hinweg auf die dritte Reihe ziehen.

Hier siehst du die ersten Züge einer Partie, in der Weiß alles richtig macht und Schwarz viele Fehler begeht. Auch aus Fehlern können wir lernen!

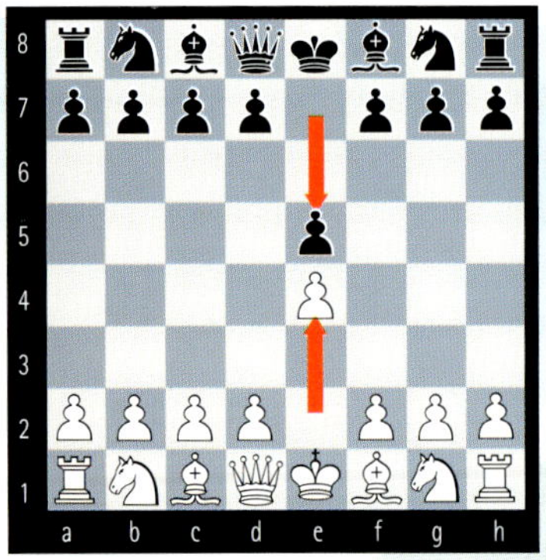

❶ **1. e4 – e5** *Der Zug des Bauern über zwei Felder nach e4 ist einer der besten Eröffnungszüge. Der Bauer kontrolliert nicht nur entscheidende Felder im Zentrum, er macht auch den Weg frei, damit die Dame und der Läufer ins Spiel kommen können. Schwarz antwortet mit dem gleichen Zug.* **2. d4.**

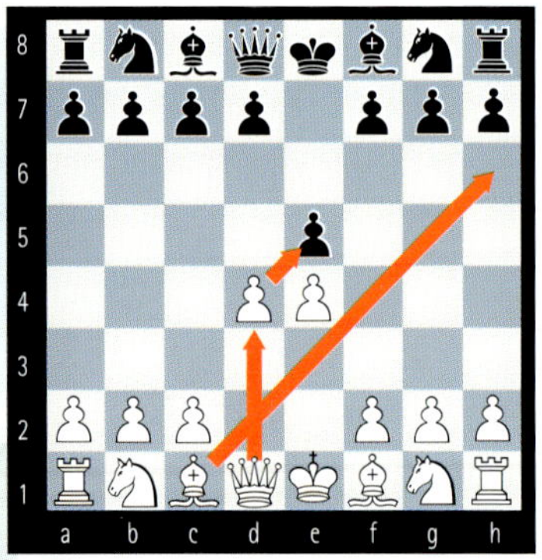

❷ *Ein kühner Vorstoß ins Zentrum, der die schwarze Mitte unter Druck setzt und dem zweiten Läufer den Eingriff ins Spielgeschehen ermöglicht.*

2. ... exd4 3. c3

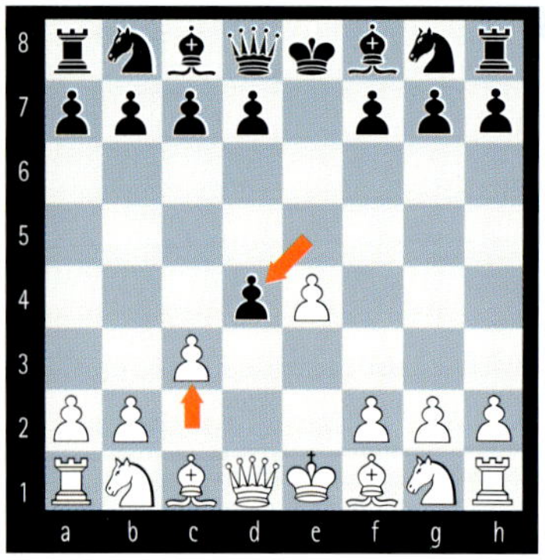

❸ *Verständlicherweise schlägt Schwarz den Bauern im Zentrum – und Weiß bietet einen weiteren Bauern an! War das schlau?*

3. ... dxc3 4. Sxc3

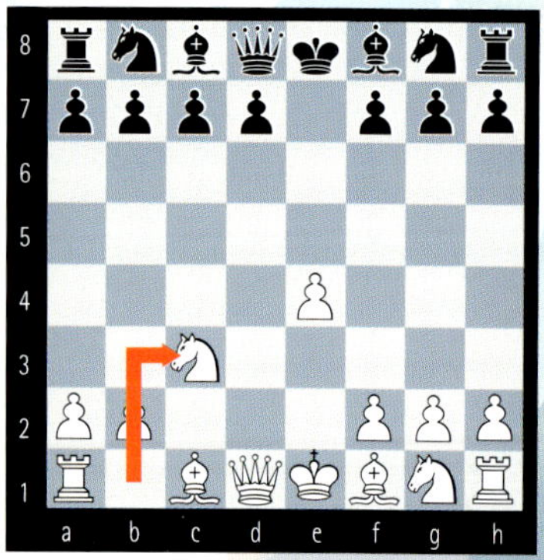

❹ *Schwarz schlägt auch den zweiten Bauern und Weiß nimmt mit dem Springer zurück. Weiß spielt hier ein „Gambit". So nennt man ein Opfer, das bei der Eröffnung gemacht wird, um anderen Steinen den Weg zu bahnen.*

4. ... Sc6 5. Lc4-Sf6 6. Sf3

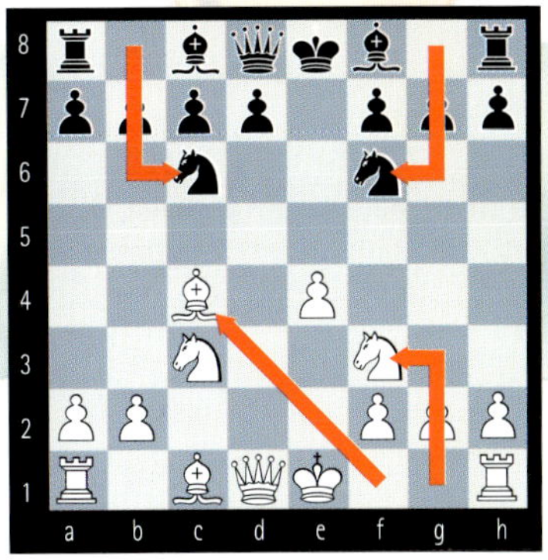

5 *Weiß bringt einen Läufer und einen Springer heraus, Schwarz beide Springer. All dies sind starke Züge, denn sie helfen, die wichtigen Felder im Zentrum zu kontrollieren.*
6. ... De7 7. 0-0 *(So notiert man die kleine Rochade.)*

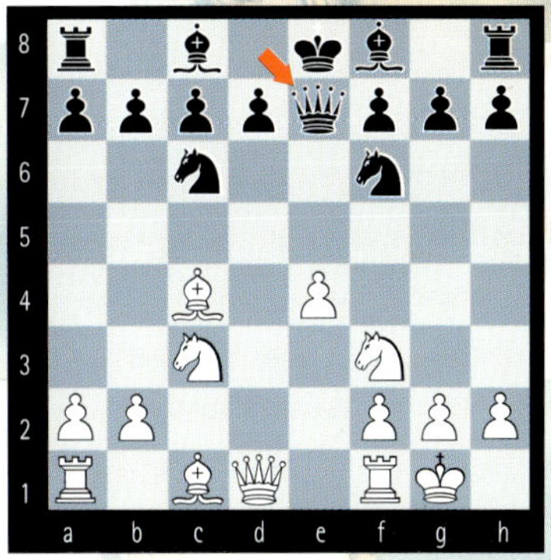

6 *Dieser Zug von Schwarz war zweifelhaft. Die Dame ist in Gefahr, von weniger wertvollen Figuren angegriffen zu werden. Deshalb wäre sie besser noch in ihrer Ausgangsstellung geblieben. Der Zug von Weiß ist hingegen exzellent. Die Rochade bringt den Turm ins Spiel und den König an die Seite, wo er von einer Bauernreihe geschützt wird.* **7. ... Sxe4**

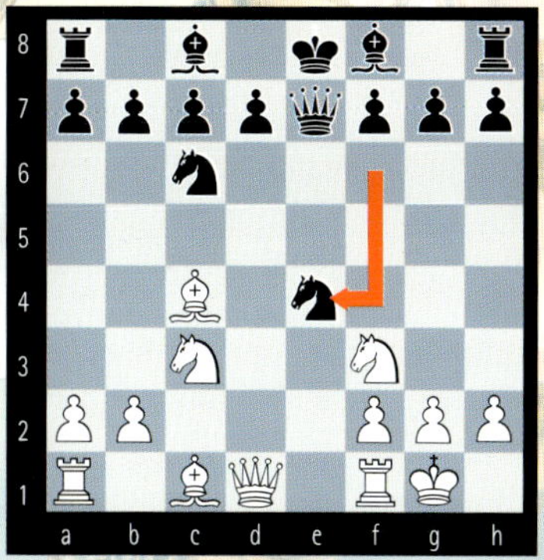

7 *Schwarz geht in die Falle! Er gewinnt zwar einen weiteren Bauern, aber das nunmehr offene Zentrum setzt seinen König größter Gefahr aus.*
8. Sxe4-Dxe4 9. Te1

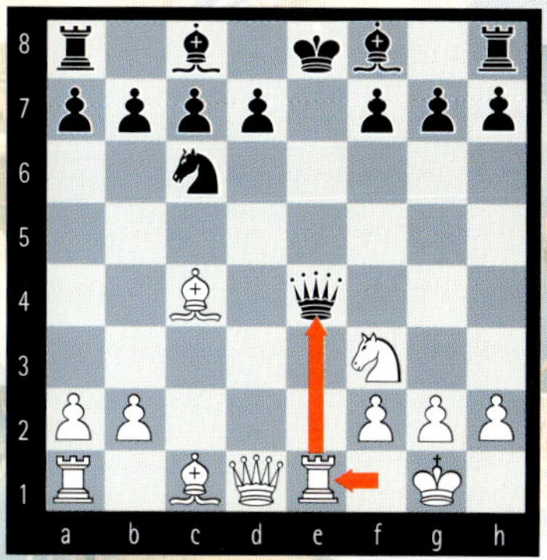

8 *Ein Desaster für Schwarz! Die Dame wird vom Turm angegriffen und kann nicht fliehen, weil der König sonst im Schach stünde. Mit anderen Worten: Die Dame ist verloren. Sie ist geradezu an den König „gefesselt“. (Mehr zum taktischen Element der „Fesselung“ auf S. 30-31)*

Weiß hat gut gespielt, Schwarz hingegen ganz und gar nicht. Es gibt drei Eröffnungsregeln, die man bei den ersten Zügen einer Partie beherzigen sollte.

1) Kontrolliere das Zentrum
Wenn du das Zentrum des Brettes beherrschst, kontrollierst du das Spiel. Auch wirst du merken, dass man dann viel leichter mit Schwierigkeiten umgehen kann, die im Verlauf der Partie noch auftreten.

2) Bringe deine Figuren heraus
Von entscheidender Bedeutung ist es, die ganze Streitmacht möglichst früh zu entwickeln. Verlierst du zu viel Zeit, könnte die Schlacht verloren sein, ehe du dich versiehst.

3) Rochiere
Vergiss nicht, der König ist deine wichtigste Figur, aber zugleich auch eine der schwächsten. Durch eine frühe Rochade kann er in Sicherheit gebracht werden. Dabei wirst du auch merken, dass der Turm im Kampf um das Zentrum sehr nützlich sein kann, sobald du ihn aus der Ecke heraus und ins Spiel gebracht hast.

ACHTUNG, GEFAHR!!
Bringe die Dame nicht zu früh ins Spiel. Es besteht die Gefahr, dass sie von schwächeren Figuren zurückgedrängt wird. Zwar ist die Dame deine mächtigste Figur, sie braucht jedoch Unterstützung vom Rest deiner Streitkräfte.

Gabel, Fesselung und Spiess

Gabel, Fesselung und Spieß gehören zu den trickreichsten Kombinationen im Angriff auf den Gegner. Mit diesen Taktiken kannst du einen oder manchmal auch mehrere feindliche Steine gewinnen. Und das könnte dich am Schluss sogar zum Sieg führen.

Es ist zwar nicht wahrscheinlich, dass du Stellungen, wie sie auf der gegenüberliegenden Seite abgebildet sind, genau so in deinen Partien wieder finden wirst, aber schon bald wirst du in der Lage sein, ähnliche Stellungen zu erkennen. Je öfter du spielst, desto vertrauter werden dir diese äußerst effektvollen und oftmals sogar tödlichen Tricks.

DIE GABEL

Dies ist ein Doppelangriff auf zwei feindliche Figuren. Am gängigsten ist die Gabel durch den Springer **(Diagramm 1)**. Die Springergabel taucht in vielen Partien auf, es ist also zu deiner eigenen Sicherheit wichtig, dass du dich mit diesem Zug vertraut machst. Auch Bauern können einen solchen Angriff starten **(Diagramm 2)**. Oftmals sind der Läufer und der Springer das Angriffsziel dieser Bauerngabeln.

DIE FESSELUNG

Die Fesselung ist ein Doppelangriff auf zwei Figuren, die auf der gleichen Linie, Reihe oder Diagonalen stehen. Wie die Gabel ist auch die Fesselung eine sehr geläufige Kombination. Wir haben sie bereits auf S. 29 **(Diagramm 8)** kennen gelernt. Dort hatte der Turm die Dame an den König gefesselt. Dieses Mal **(Diagramme 3 und 4)** sieht die Fesselung ein wenig anders aus.

DER SPIESS

Dies kann ein besonders vernichtendes Manöver sein. Der Angriff durchbohrt hier eine Figur, um eine weitere, die hinter ihr auf der gleichen Linie, Reihe oder Diagonalen steht, zu treffen. Die zweite Figur ist das eigentliche Zielobjekt **(Diagramme 5 und 6)**.

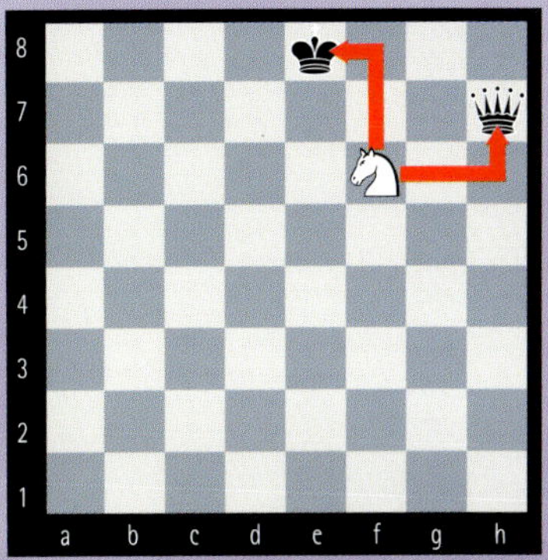

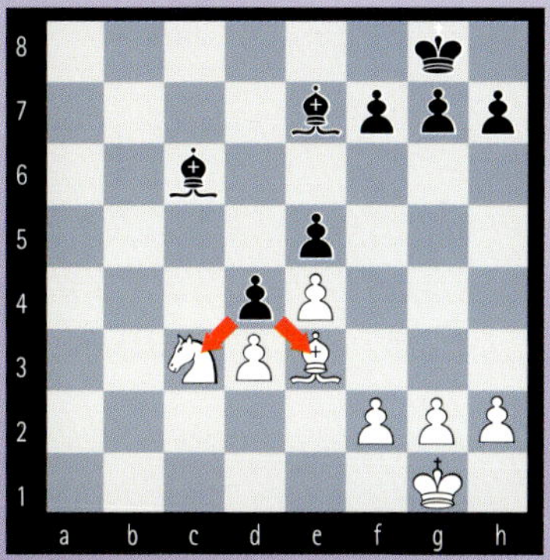

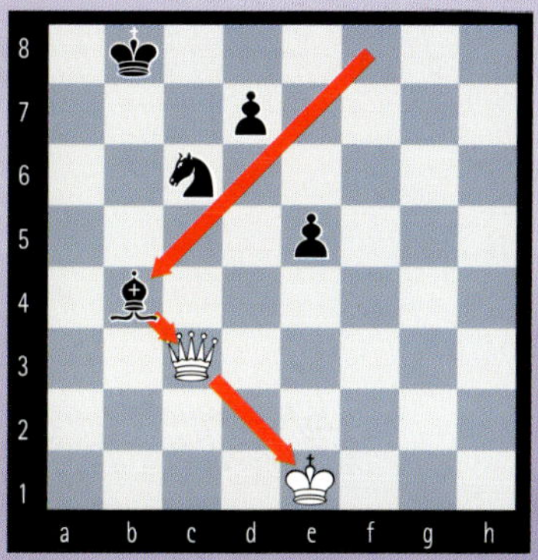

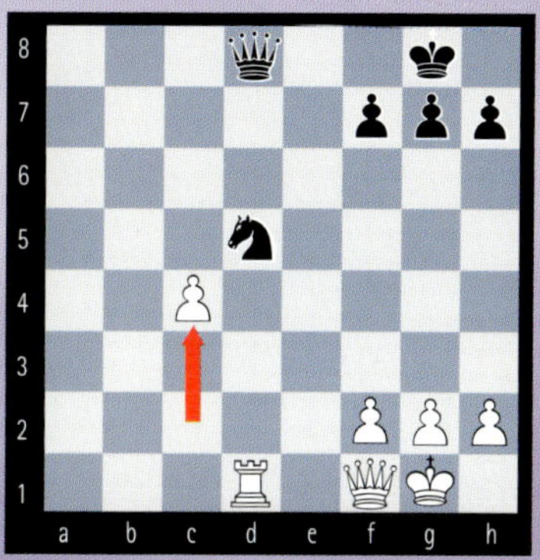

❶ *Der weiße Springer greift zugleich den schwarzen König und die Dame an. Tödlich! Schwarz muss den König aus dem Schach entfernen und der weiße Springer holt sich beim nächsten Zug die Dame.*

❷ *Hier die Bauerngabel. Der schwarze Bauer ist soeben vorgedrungen und greift nun gleichzeitig den Läufer und den Springer an. Nur einer von beiden kann gerettet werden, nicht aber beide. So erzielt Schwarz einen Materialgewinn. Ein Bauer zählt nur einen Punkt und Läufer und Springer jeweils drei.)*

❸ *Dies ist eine besonders wirkungsvolle Fesselung. Der schwarze Läufer greift die Dame an. Sie kann nicht entkommen, weil der König sonst im Schach stünde. Das Beste, was Weiß hier tun kann, ist das Schlagen des Läufers mit der Dame – diese Schlüsselfigur fällt dann aber im nächsten Zug dem schwarzen Springer zum Opfer.*

❹ *In dieser Stellung ist der weiße Bauer vorgezogen und nutzt in typischer Weise die Fesselung des Springers für einen Angriff auf diese Figur. Wenn der schwarze Springer flieht, fällt die Dame dem Turm zum Opfer. Es gibt kein Entrinnen – der schwarze Springer wird erobert.*

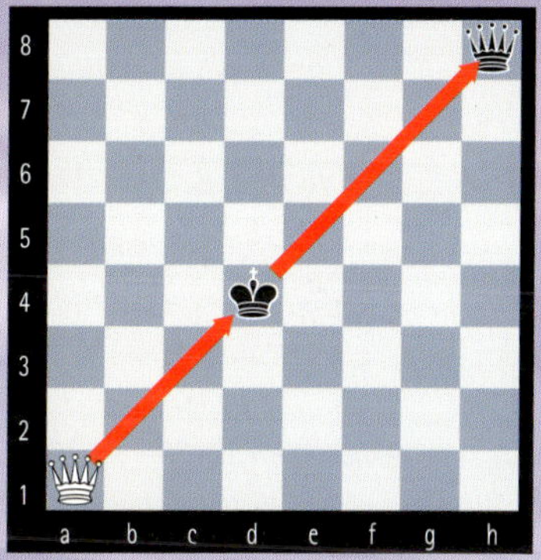

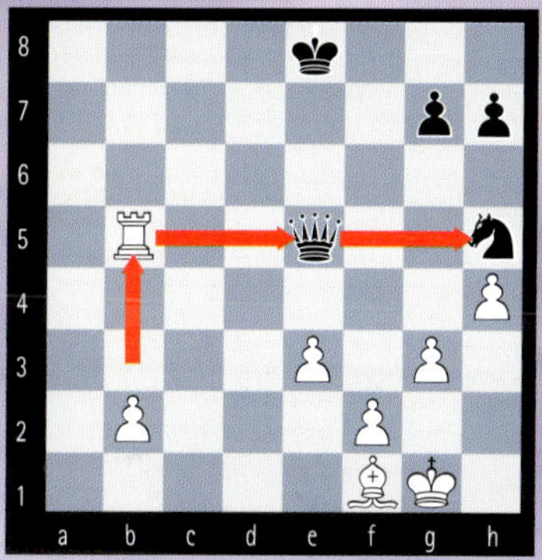

❺ *Ein Spieß kann ein tödlicher Spielzug sein. Hier steht der schwarze König im Schach der weißen Dame. Der König muss aus dem Schach ziehen. Die weiße Dame wird dann die schwarze Dame schlagen.*

❻ *Der weiße Turm ist soeben nach b5 gezogen und greift nun die Dame an. Da sie die wertvollste Figur ist, muss die Dame fliehen. Wenn sie dies tut, kann aber der weiße Turm den ungedeckten Springer nehmen.*

Vier tödliche Angriffe

Es gibt viele Wege, listig und hinterrücks anzugreifen. Wie wir gerade sahen, kommen manche so oft vor, dass man ihnen sogar einen Namen gegeben hat. Hier sind nun ein paar weitere tödliche Exemplare für dein Waffenarsenal.

❶ Sieh dir die Stellung des schwarzen Turmes und des weißen Königs an. Stünde nicht der schwarze Springer zwischen den beiden, wäre dies ein Schach. Das bringt Schwarz auf eine Idee. Der Springer könnte aus dem Weg geräumt werden, so dass der weiße König im Schach des Turmes steht. Und nun kommt der Trick. Warum nicht mit dem Springer gleichzeitig die Dame angreifen?

ABZUGSSCHACH

Wenngleich der Name (wie viele Begriffe im Schachjargon) etwas undeutlich ist, kann ein Abzugsschach sehr wirkungsvoll sein: Nach dem Wegziehen einer Figur bietet ein anderer Stein automatisch Schach **(Diagramme 1 und 2)**.

DIAGONALE BATTERIE

Vielleicht denkst du, ein rochierter König sei ziemlich sicher. Schließlich steht er am Brettrand, weit weg vom offenen Zentrum, und wird zumindest in diesem Fall **(Diagramm 3)** von einer Reihe Bauern beschützt. Ein rochierter König ist aber nicht unverwundbar.

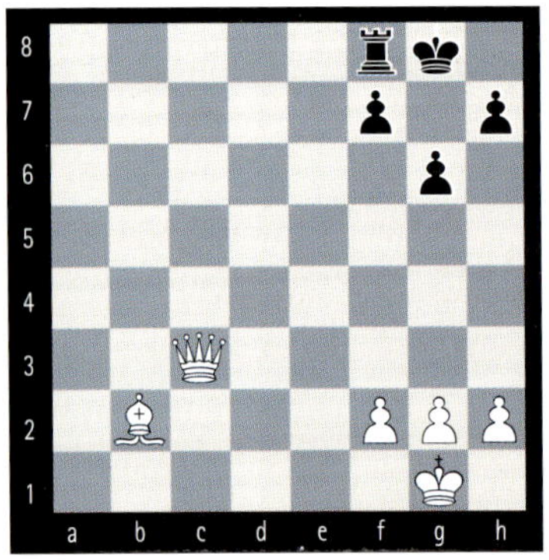

❸ Weiß hat seine Armee geschickt aufgebaut – die Dame steht auf der so genannten „langen Diagonalen" vor dem Läufer. Aus dieser Stellung kann die Dame ein Höchstmaß an Schaden anrichten.

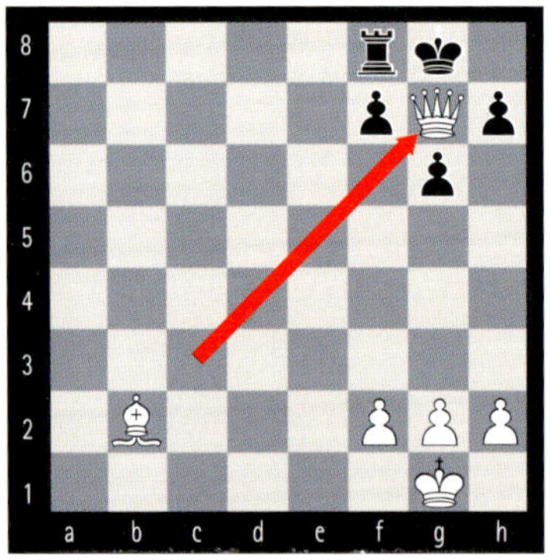

❹ Der schwarze König kann nicht aus dem Schach ziehen – die weiße Dame wird vom Läufer gedeckt. Schachmatt! Hier war es für Weiß nicht schwierig, die diagonale Batterie aufzubauen, aber in der Hitze des Gefechts ist das manchmal gar nicht so einfach. Dennoch: Vorsicht vor diesem tödlichen Angriff.

IM SIEBTEN HIMMEL

Zu Beginn einer Partie sind die Türme in den Ecken gefangen. Später jedoch, wenn das Brett allmählich leerer wird, werden die Türme sehr wichtig und beherrschen die offenen Linien. Gelingt es ihnen, bis zur siebten Reihe vorzudringen, können sie äußerst gefährlich werden, Bauern vernichten und den feindlichen König am Brettrand festnageln **(Diagramme 5 und 6)**.

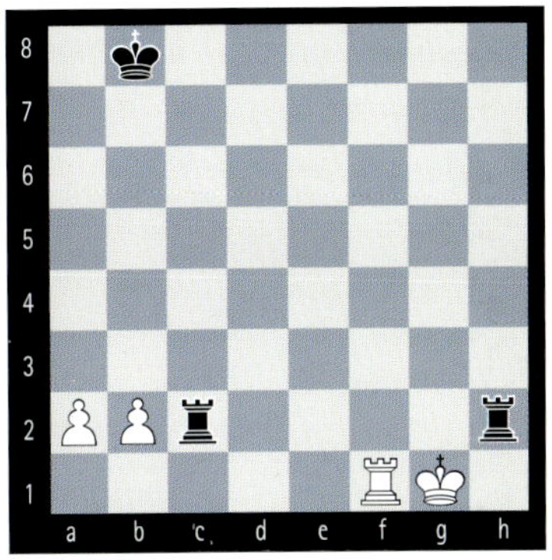

5 *Beide schwarzen Türme sind bis zur siebten Reihe gelangt. Nichts kann sie daran hindern, alles „hinwegzufegen", was ihnen im Weg steht. Nun können sie sogar zum tödlichen Schlag ausholen.*

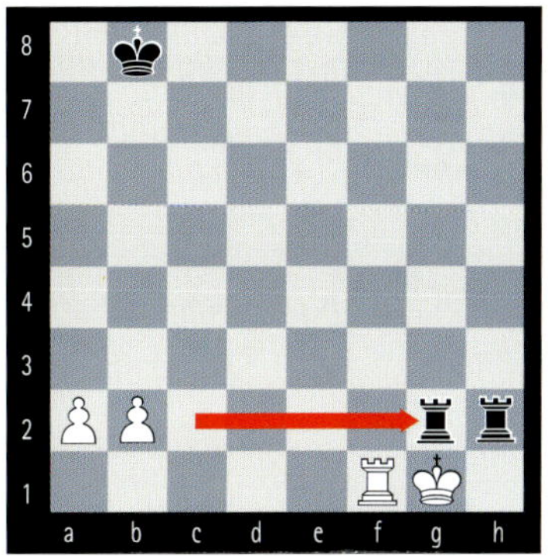

6 *Der Turm zieht quer über das Brett und setzt den hilflosen König matt. Dieser kann den Turm nicht schlagen, da der zweite Turm ihm Deckung gibt. Zwei Türme auf der siebten Reihe sind äußerst schlagkräftig, aber auch ein einzelner sollte nicht unterschätzt werden.*

2 *Hervorragend! Der Springer hat dem Turm Platz gemacht, so dass der weiße König im Schach steht. Der König muss das Weite suchen, aber dann nimmt Schwarz im nächsten Zug mit dem Springer die weiße Dame. Schwarz hat nun einen Turm und einen Springer gegen den König – mehr als genug, um ein Matt zu erzwingen.*

GRUNDREIHENMATT

Jetzt gehen wir noch einen Schritt weiter auf die achte Reihe, die Grundreihe. Wir kennen die Regel: Je früher man rochiert, desto besser. Dennoch – auch das haben wir schon gesehen – selbst nach der Rochade ist noch Vorsicht geboten.

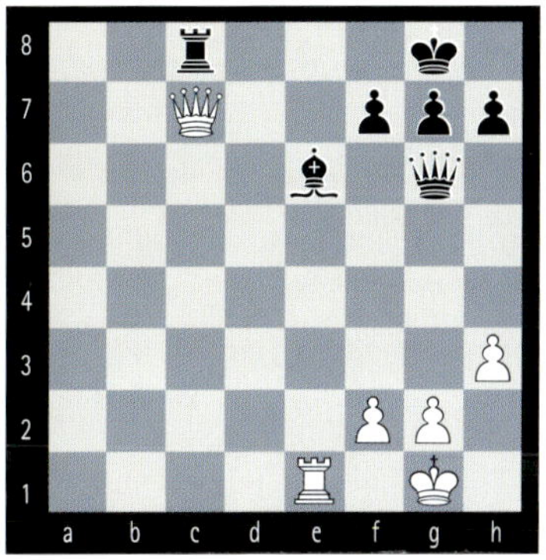

7 *Der schwarze Turm ist soeben nach c8 gezogen und droht, die Dame zu nehmen. Auf den ersten Blick scheint dies ein sicherer Zug zu sein, da der Läufer den Turm deckt. Aber Weiß hat bemerkt, dass die Grundreihe eine Möglichkeit zum Angriff bietet und entschließt sich zum Damenopfer:* **1. Dxc8+**. *Schwarz muss mit dem Läufer schlagen:* **1. ... Lxc8**. *Dann prescht der Turm auf die achte Reihe vor:* **2. Te8**.

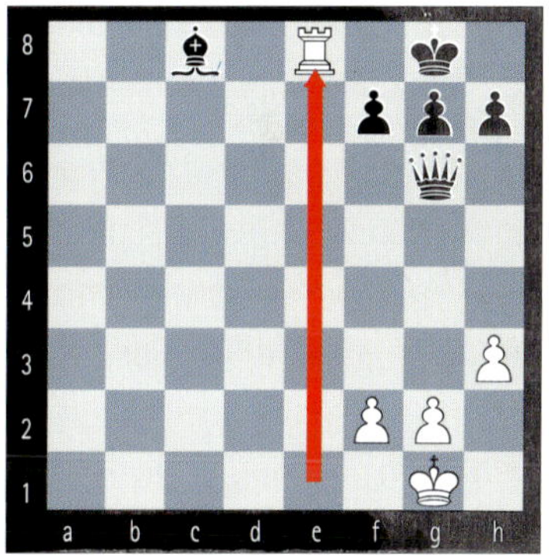

8 *Schachmatt. Der schwarze König kann nicht aus dem Schach ziehen – er wird von seinen eigenen Bauern blockiert. Das Matt hätte verhindert werden können, hätte ein Bauer vor dem rochierten König rechtzeitig gezogen (so, wie Weiß das in dieser Stellung getan hat), damit der König ein Luftloch hätte, falls es jemals zu einem Angriff auf der achten Reihe käme.*

Opfer!

Im Schach spricht man von einem Opfer, wenn eine Figur weggegeben wird, um ein höheres Ziel zu erreichen, also beispielsweise eine feindliche Figur zu gewinnen oder im besten Falle sogar, um ein Matt zu erzwingen.

Das Wort „Opfer" weckt den Gedanken an alte religiöse Bräuche – so wurden früher Tiere auf dem Altar geopfert, um einen Gott zu beschwichtigen. Du solltest immer daran denken, warum ein Opfer dargebracht wird – zum Wohle der Gemeinschaft nämlich, in diesem Fall deiner Streitmacht von Schachfiguren, und mit dem Ziel des Mattsetzens. Ein Opfer kann einen großen Überraschungseffekt haben. Wie in einer richtigen Schlacht ist dies eine deiner nützlichsten Waffen.

Opfern ist sehr aufregend, aber auch riskant. Es kann vorkommen, dass du dich verrechnest und mit einer Figur weniger dastehst als dein Gegner, sobald sich der Rauch verzogen hat. Es ist also wichtig, alle Möglichkeiten sorgfältig abzuwägen, bevor du dich für ein Opfer entscheidest.

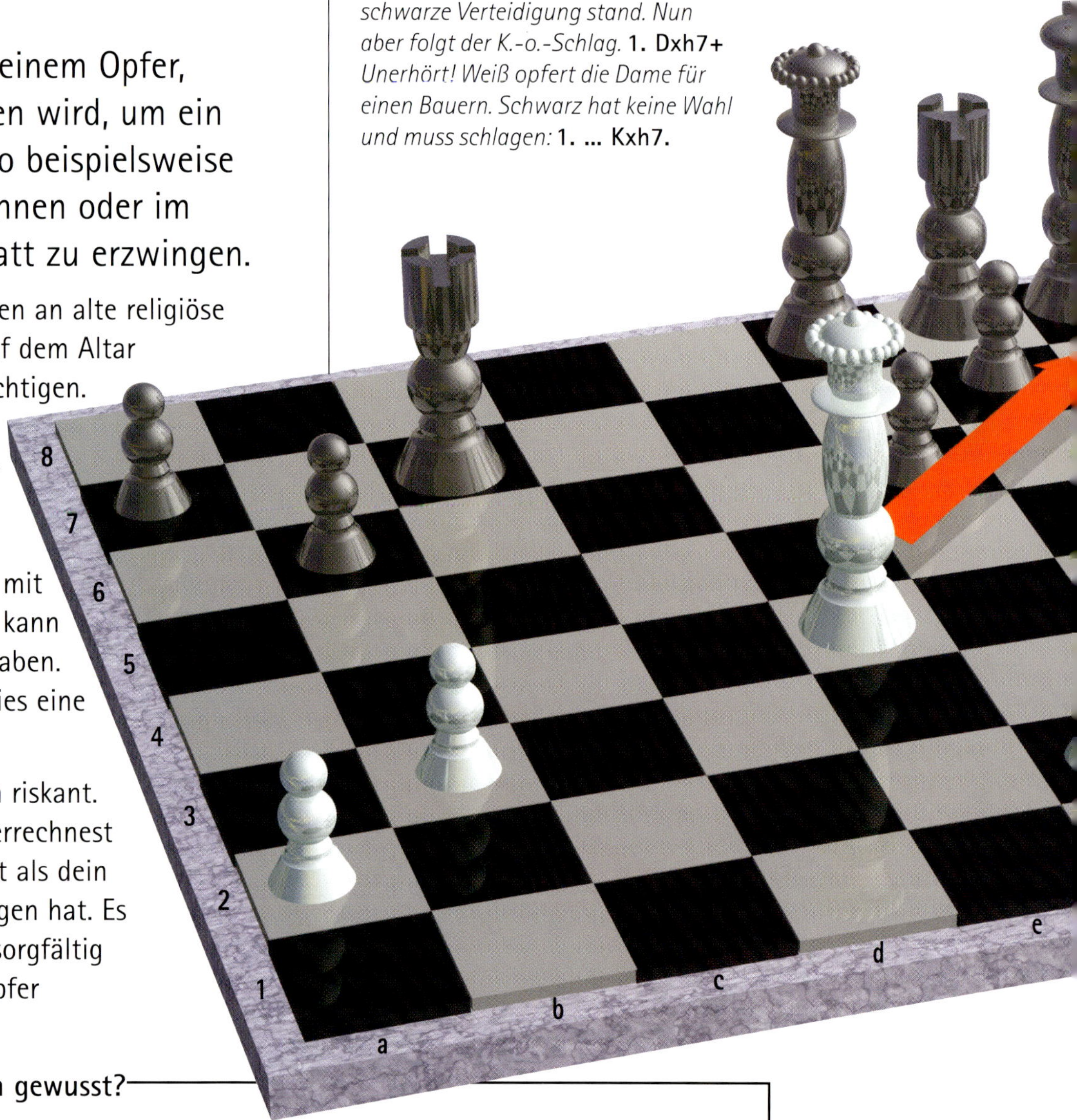

1 *Weiß drückt mit zwei Türmen auf die gleiche Linie, und noch hält die schwarze Verteidigung stand. Nun aber folgt der K.-o.-Schlag.* **1. Dxh7+** *Unerhört! Weiß opfert die Dame für einen Bauern. Schwarz hat keine Wahl und muss schlagen:* **1. ... Kxh7.**

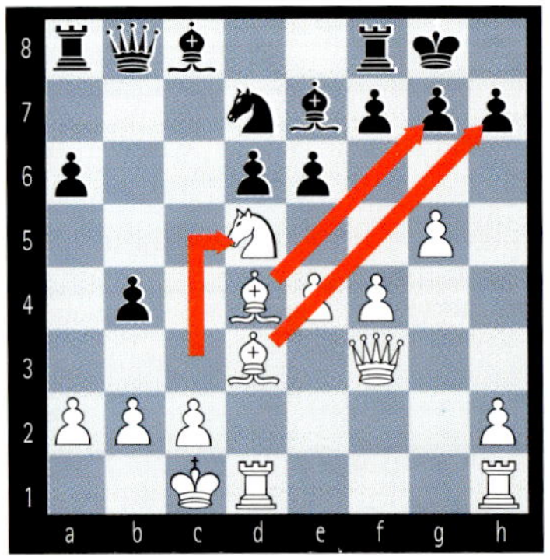

Schon gewusst?

Der vielleicht größte Verfechter des Opferns in der Schachgeschichte war der Lette Michail Tal (1936-1992). Durch unerwartete Opfer gelang es ihm, aus dem Nichts einen Angriff zu zaubern. Hier stellt Tal (Weiß) einen Springer mitten auf das Brett und fordert seinen Gegner heraus, ihn mit dem Bauern zu schlagen. Ihm war klar, dass dieser Verlust mit einem machtvollen Angriff seines Läufers auf den schwarzen König mehr als ausgeglichen würde. Am Ende konnte Tals Gegner dem Druck des Angriffs nicht mehr widerstehen und verlor die Partie.

2 *Und hier sehen wir den Zweck des Opfers. Der schwarze König wurde aus der Deckung gelockt, so dass Weiß jetzt mit* **2. Th4** *matt setzen kann. Fantastisch. Der weiße Turm bietet dem König Schach und dieser kann nicht entkommen – der andere weiße Turm deckt das einzig denkbare Fluchtfeld. Es ist kein Trost, dass Schwarz am Ende der Partie eine Dame mehr hat.*

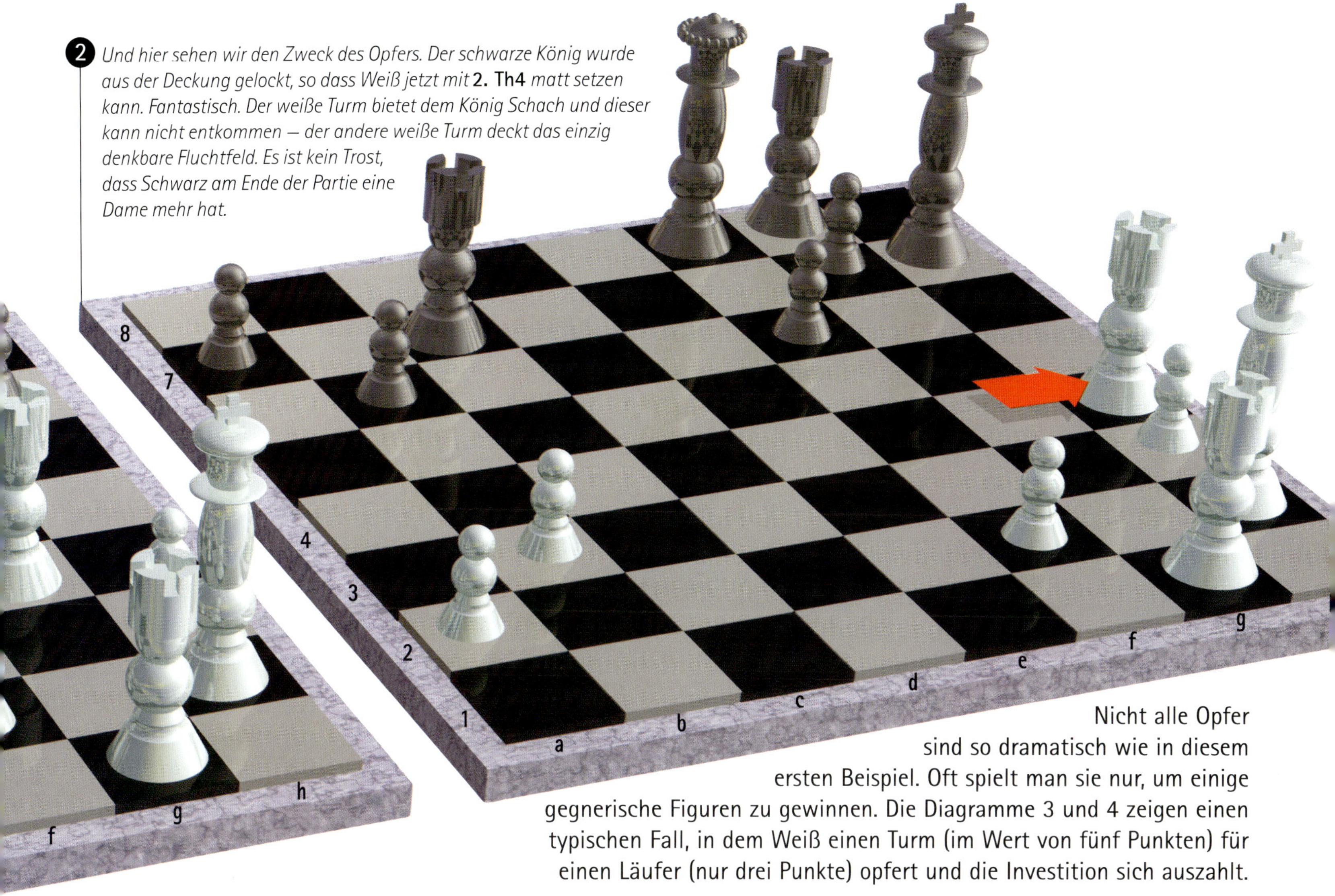

Nicht alle Opfer sind so dramatisch wie in diesem ersten Beispiel. Oft spielt man sie nur, um einige gegnerische Figuren zu gewinnen. Die Diagramme 3 und 4 zeigen einen typischen Fall, in dem Weiß einen Turm (im Wert von fünf Punkten) für einen Läufer (nur drei Punkte) opfert und die Investition sich auszahlt.

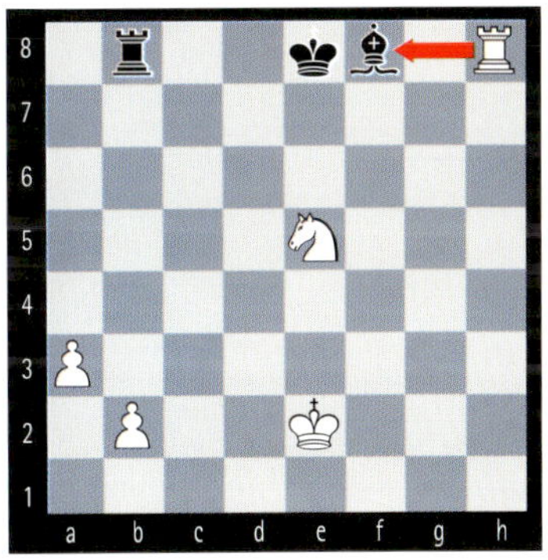

3 *Weiß ist mit zwei Mehrbauern bereits gut im Rennen, aber der leichteste Weg zum Partiegewinn führt über* **1. Txf8+**. *Der schwarze König nimmt dann den Turm* **1. ... Kxf8**. *Ziel dieses Opfers war, eine Springergabel zu ermöglichen – zu diesem Zweck wurde der schwarze König zum richtigen Feld hingelenkt.* **2. Sd7+**. *Der schwarze König muss nun aus dem Schach ziehen.*

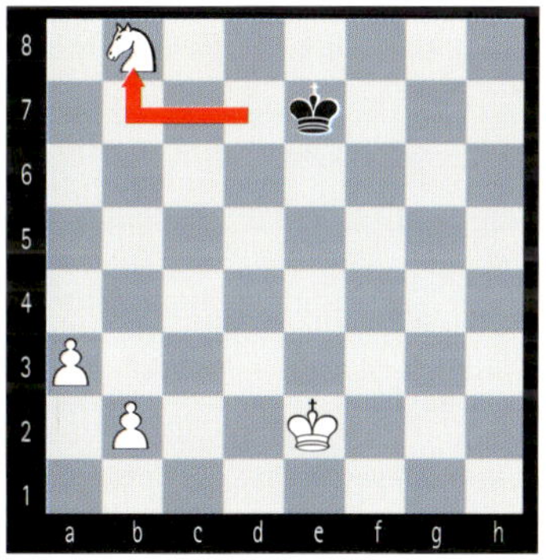

4 **2. ... Ke7 3. Sxb8**. *Der Springer schlägt den Turm auf b8 – Weiß hat eine Gewinnstellung erreicht. Einer der beiden Bauern wird bis auf die achte Reihe vordringen und sich in eine neue Dame umwandeln.*

Lasst uns einmal das Kräfteverhältnis am Ende dieses Scharmützels betrachten. Weiß hat zwar einen Turm (5 Punkte) gegeben, aber auch einen Turm und einen Läufer (5 + 3 Punkte) gewonnen. Weiß behielt die Oberhand.

Was ist ein Remis?

Eine Schachpartie endet nicht notgedrungen mit Sieg oder Niederlage. Wenn keine Seite ein Matt erzwingen kann, gilt das Spiel als unentschieden – im Schach spricht man von einem Remis. In einem anspruchsvollen Turnier endet fast die Hälfte aller Partien remis.

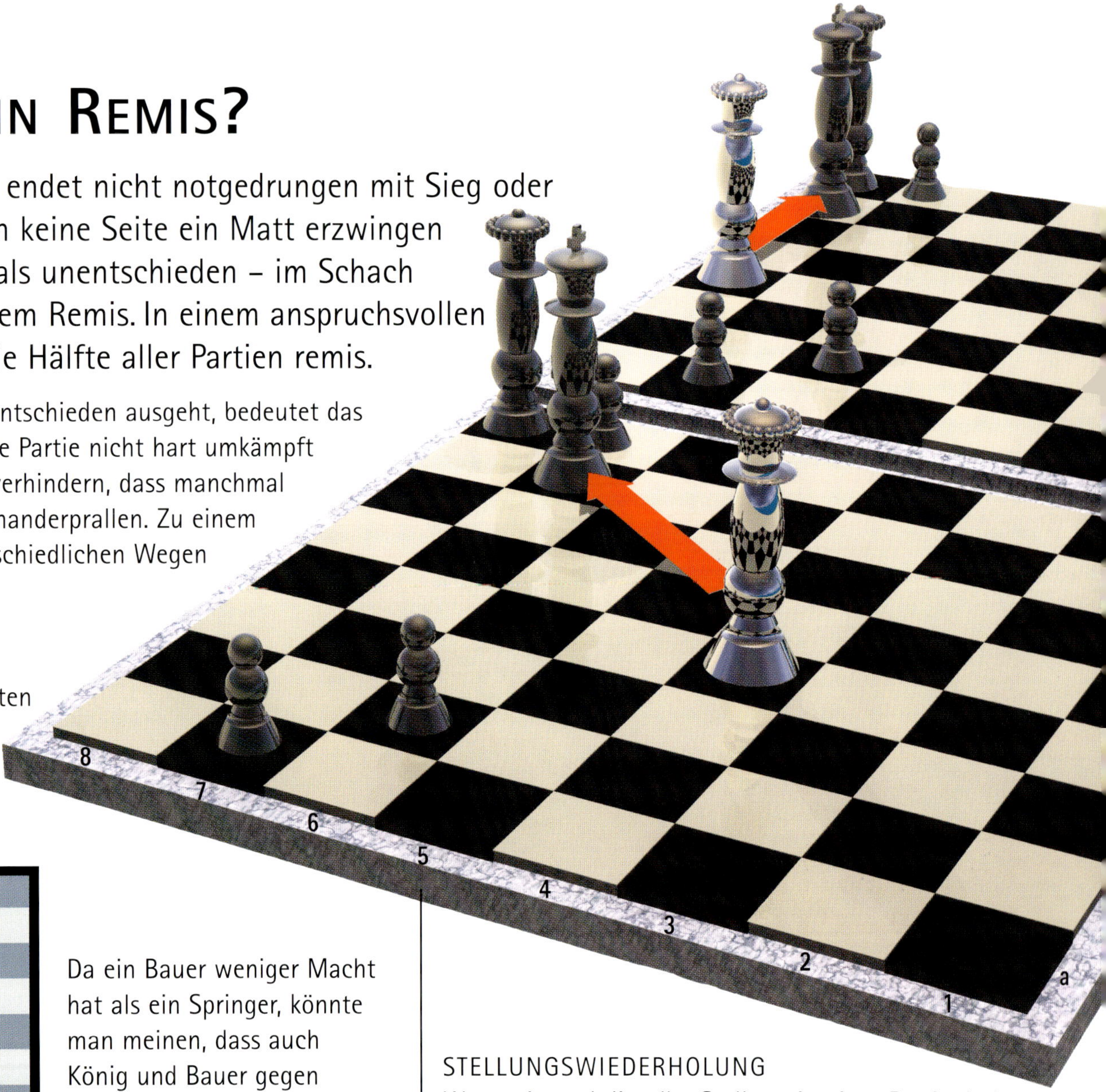

Bloß weil eine Partie unentschieden ausgeht, bedeutet das noch lange nicht, dass die Partie nicht hart umkämpft war. Es lässt sich nicht verhindern, dass manchmal zwei Kräfte sieglos aufeinanderprallen. Zu einem Remis kann es auf unterschiedlichen Wegen kommen.

MATERIALMANGEL

Wenn am Ende beide Seiten zu wenige Figuren übrig behalten haben, gilt die Partie als Remis (siehe **Diagramm 1**).

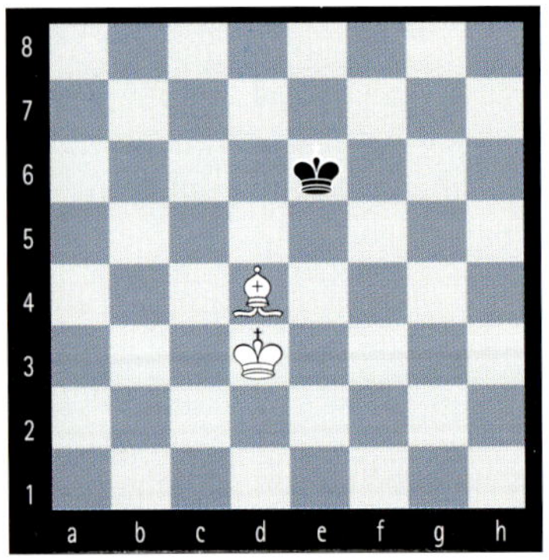

❶ *Hier zum Beispiel ist die Partie remis, weil man nicht mit einem einzigen Läufer matt setzen kann. Probiere es einmal aus, wenn du magst, aber es wird dir nicht gelingen! Ähnlich gilt auch König und Springer gegen König als remis.*

Da ein Bauer weniger Macht hat als ein Springer, könnte man meinen, dass auch König und Bauer gegen König remis bedeute, aber das ist nicht immer der Fall. Manchmal gelingt es, den Bauern bis zur achten Reihe durchzubringen und so zu einer neuen Dame zu gelangen. Mit Dame und König kann man durchaus matt setzen, ebenso mit König und Turm.

STELLUNGSWIEDERHOLUNG

Wenn ein und dieselbe Stellung in einer Partie drei Mal auftritt, kann der Spieler, der am Zug ist, auf Remis bestehen (**Diagramme 3 und 4**).

❷ *Mit drei Mehrbauern hofft Schwarz auf Gewinn. Dennoch kann Weiß ein Remis erzwingen. Der schwarze König steht im Schach der Dame und muss fortziehen. Er zieht sich ein Feld weit zurück:* **1 ... Kg8**. *Weiß setzt die Verfolgung fort:* **2. Dd8+**.

PATT

Die Möglichkeit eines Patts muss man ständig im Auge haben, wenn eine überragende Streitmacht zum Mattangriff auf den entblößten König ansetzt. Ein Patt tritt ein, wenn ein Spieler keine Zugmöglichkeit mehr hat, jedoch nicht im Schach steht (**Diagramme 4, 5 und 6**).

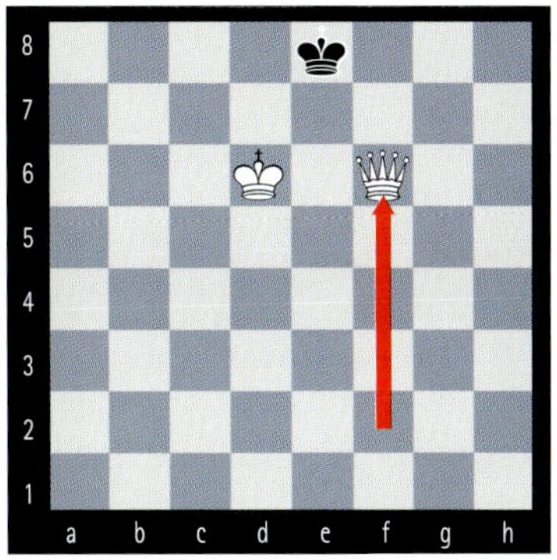

4 *Mit König und Dame gegen den einsamen König hofft Weiß auf einen leichten Sieg. Die Dame plant den Todesstoß, kommt aber ein wenig zu nahe. Schwarz kann nicht mehr ziehen. Das bedeutet aber nicht, dass Schwarz matt wäre. Der König steht nicht im Schach – das ist der entscheidende Unterschied. Die Stellung ist patt und das ist ein Remis.*

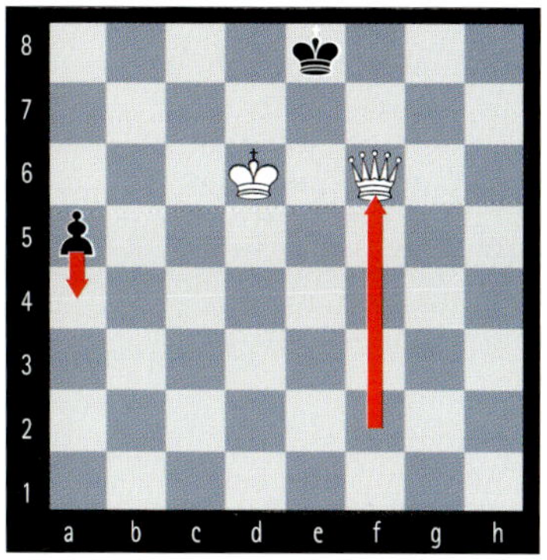

5 *Diese Stellung gleicht der letzten, mit dem entscheidenden Unterschied, dass Schwarz noch ein Bauer bleibt. Wieder nähert sich die weiße Dame, was diesmal sehr stark ist. Obwohl der schwarze König nicht ziehen kann, ist diese Stellung KEIN Patt. Schwarz bleibt der Zug:* **1. ... a4**, *aber danach setzt die weiße Dame matt:* **2. De7**.

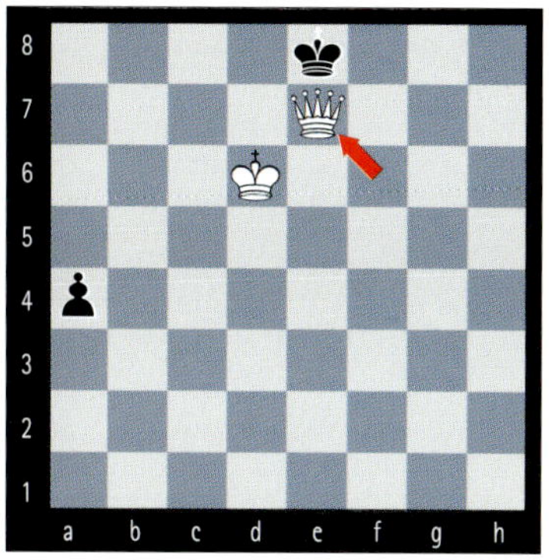

6 *Hier siehst du, dass Sieg oder Remis von einem einzigen Bauern abhängen können.*

DIE FÜNFZIG-ZÜGE-REGEL

Dies ist eine besonders seltene Art des Remis. Wenn fünfzig Züge lang keine Figur geschlagen und kein Bauer bewegt wurde, kann die Partie remis erklärt werden. Dies kommt sehr selten vor – normalerweise sind Schachpartien nicht so langweilig!

EINIGUNG AUF REMIS

Am häufigsten kommt eine Remis im Turnierschach durch Einigung zustande. Nachdem er gezogen hat, sagt ein Spieler: „Ich biete Remis an". Dies kann entweder angenommen oder abgelehnt werden. Viel zu oft wollen beide Seiten mit dem Remis nur auf „Nummer Sicher" gehen. Das sollte man sich gar nicht erst angewöhnen. Eine Partie auf diese Weise künstlich zu beenden, hilft niemandem in seiner Schachentwicklung weiter.

Der schwarze König steht erneut im Schach und muss nun so fortziehen, dass er der Dame weiterhin Deckung gibt: **2. ... Kg7**. *Nun kann Weiß die Ausgangsposition wiederherstellen, indem er die Dame mit erneutem Schach zurücksetzt:* **3. Dd4+**. *Dies ist die zweite Stellungswiederholung. Weiß tut dies noch einmal:* **3. ... Kg8 4. Dd8+ - Kg7**. *Nun darf Weiß ein Remis einfordern, denn die Stellung kann mit dem nachfolgenden Zug ein drittes Mal wiederholt werden:* **5. Dd4+**. *Gerade noch geschafft!*

3

Übungsaufgaben

In jeder Sportart ist regelmäßiges Training der beste Weg zur Leistungssteigerung. Schach macht da keine Ausnahme. So, wie Boxer sich auf einen wichtigen Kampf vorbereiten, verbringen auch die stärksten Schachspieler Monate mit der Vorbereitung auf einen Weltmeisterschaftsendkampf, indem sie Strategie und Stil ihres Gegners studieren und ihr eigenes Spiel perfektionieren.

TRAINING

Es gibt ganz einfache Übungen, mit denen du einen großen Trainingserfolg erzielen kannst. Dabei kannst du entweder gegen einen Freund spielen oder – sofern dir ein solcher zur Verfügung steht – auch gegen einen Schachcomputer, dem du die Ausgangsstellung vorgibst.

Du solltest unbedingt lernen, wie du deinen Gegner im Endspiel in die Enge treibst. Die hier dargestellten Techniken sollen dir helfen, mehr Sicherheit zu erlangen.

Versuche, auch in den Übungssituationen keinen deiner Züge rückgängig zu machen. Der folgende dreistufige Plan wird dir helfen, deinen Schachsinn zu schärfen.

1) Augen 2) Gehirn 3) Hand

1) Sieh dir die Stellung genau an und achte besonders auf den letzten Zug deines Gegners.
2) Dann überlege dir die richtige Antwort auf diesen Zug.
3) Erst wenn du fest entschlossen bist, solltest du nach der Figur greifen.

Versuche dich zunächst im Mattsetzen mit der Dame und dem Turm gegen den König (**Diagramm 1**). Danach sieh dir einmal die unten beschriebene Methode an.

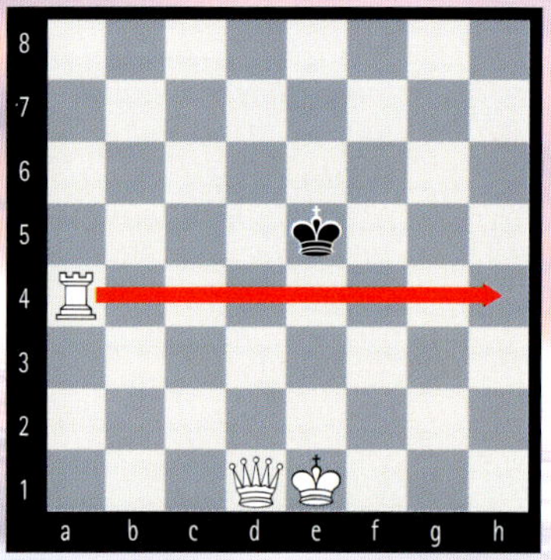

1 **1. Ta4**. *Ein wichtiger erster Zug. Anstatt Schach zu bieten, hindert der Turm den König daran, sich in eine Bretthälfte zurückzuziehen. Erst dann wird er von der Dame zurückgedrängt.* **1. ... Kf5 2. Dd5+ – Kf6 3. Ta6+ – Ke7 4. Db7+ – Ke8 5. Ta8**. *Du müsstest nun die folgende Stellung erreicht haben* (**Diagramm 2**).

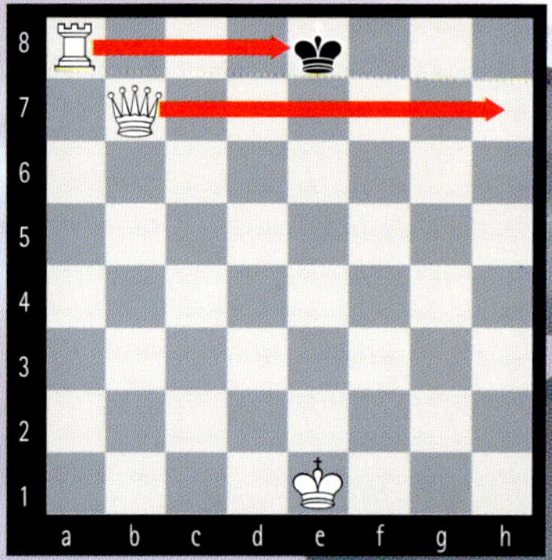

2 *Der schwarze König befindet sich im Schach des Turmes. Er kann nicht entkommen, da die Dame alle Felder auf der siebten Reihe beherrscht. Deshalb ist diese Position ein Matt. Wenn du nach einigen Übungen den Eindruck hast, dieses Mattbild zu können, versuche das Gleiche einmal mit zwei Türmen gegen einen König. Bediene dich der gleichen Technik, aber sei dabei noch ein bisschen mehr auf der Hut.*

Die nächste Übung ist ein wenig schwieriger als die erste. Du sollst mit König und Dame gegen den König ein Matt erzwingen. Weiß ist am Zug.

Tipp: Eine Dame allein kann nicht matt setzen. Der König muss ihr dabei helfen.

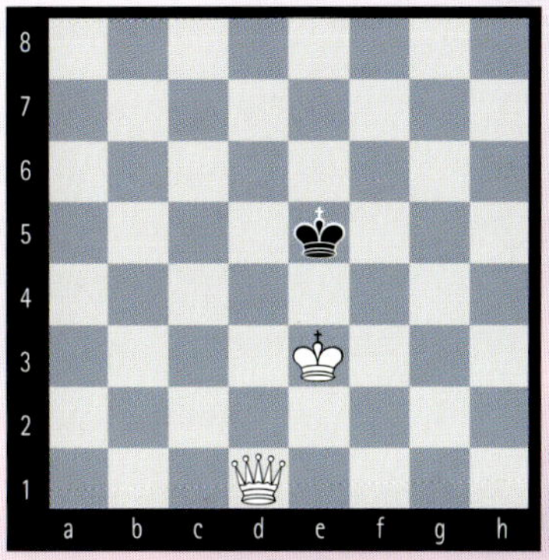

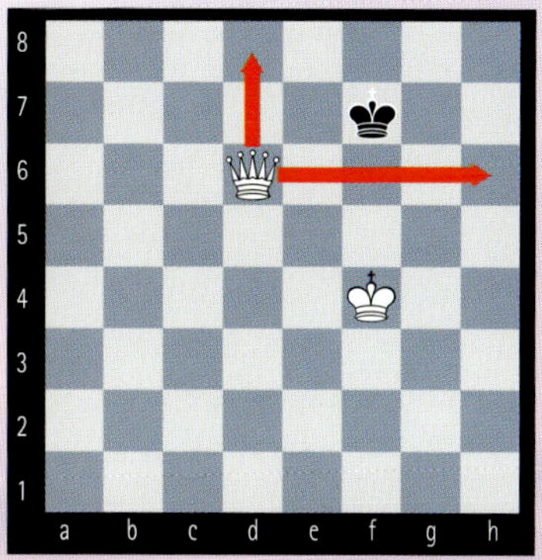

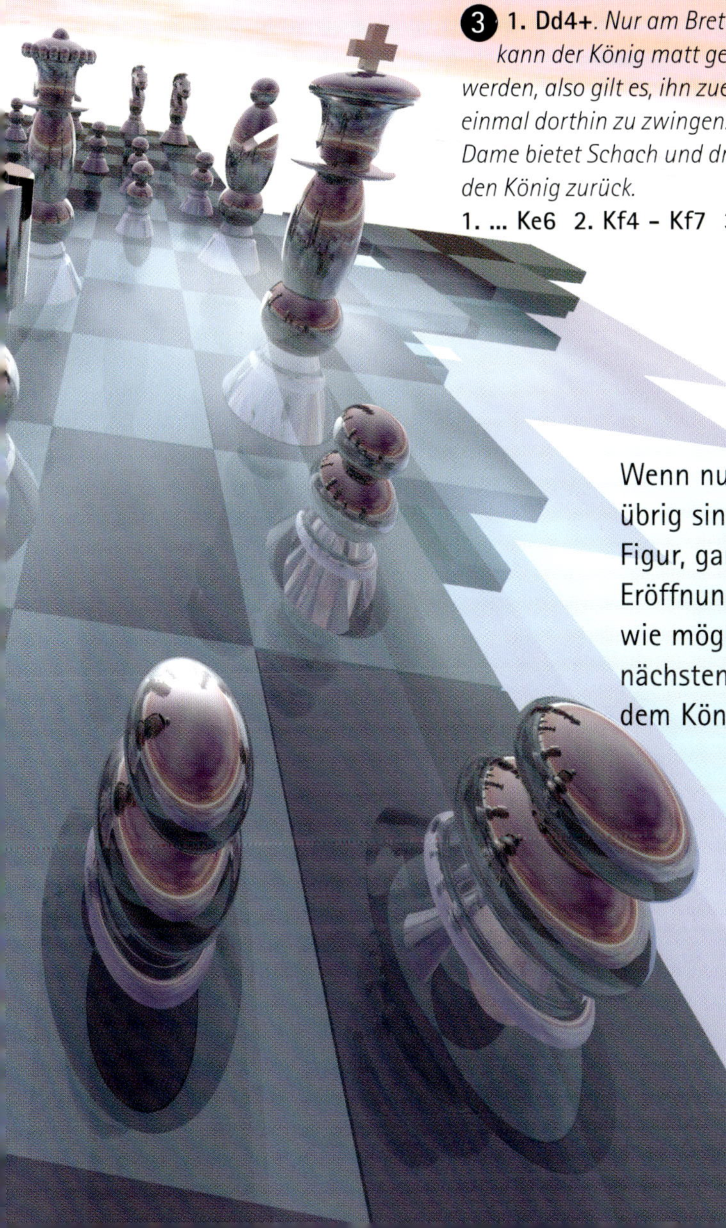

❸ **1. Dd4+.** *Nur am Brettrand kann der König matt gesetzt werden, also gilt es, ihn zuerst einmal dorthin zu zwingen. Die Dame bietet Schach und drängt den König zurück.*
1. … Ke6 2. Kf4 – Kf7 3. Dd6

❹ *Anstatt dem schwarzen König Schach zu bieten (was ihm hier nur gestatten würde, auf die sechste Reihe zu fliehen), schränkt die Dame seine Bewegungsmöglichkeiten ein. Das Kraftfeld der weißen Dame verhindert die Flucht des Königs.* **3. … Kg7 4. Kf5**. *Da der schwarze König nun in der Falle sitzt, ist es an der Zeit, die Verstärkung für den letzten Angriff zu holen.* **4. … Kf7 5. Dd7+ – Kf8 6. Kg6 – Kg8 7. Dg7**

❺ *Der schwarze König steht im Schach der Dame. Sie kann nicht genommen werden, da sie von ihrem König gedeckt ist. (Zur Erinnerung: Die Könige dürfen nicht auf benachbarten Feldern stehen.) Dies ist also ein Matt. Die Schlussstellung zeigt deutlich, dass die angreifende Partei ohne ihren König nicht matt setzen kann.*

Wenn nur noch wenige Steine auf dem Brett übrig sind, wird der König eine machtvolle Figur, ganz im Gegensatz zu seiner Rolle in Eröffnung und Mittelspiel, wo er so schnell wie möglich versteckt werden sollte. Mit der nächsten Aufgabe kannst du den Umgang mit dem König einüben.

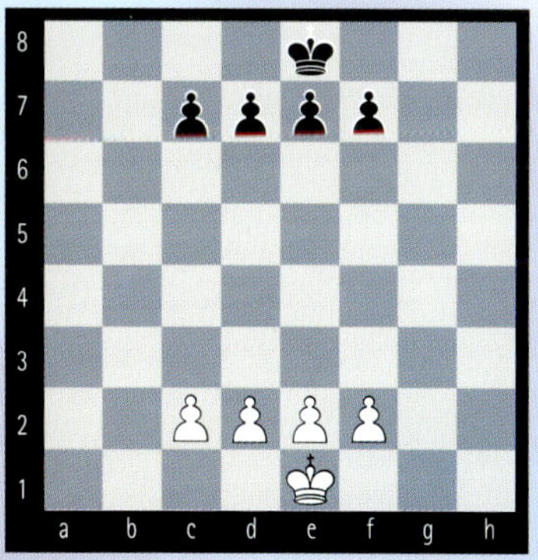

❻ *Beiden Seiten verbleiben jeweils der König und vier Bauern. Um zu gewinnen, musst du dich jetzt sehr schlau verhalten. Es gilt, mit dem eigenen König einen feindlichen Bauern zu schlagen, sodann mit einem eigenen Bauern bis auf die achte Reihe vorzudringen und so eine neue Dame zu gewinnen. Danach kannst du mit der oben beschriebenen Taktik das Matt erzwingen.*
Wenn du die Stellung etwas komplizierter haben möchtest, gib beiden Seiten noch ein paar Bauern dazu. Diese Übung hilft dir besonders gut, das Zusammenspiel von König und Bauern zu erlernen.

Kontrollübungen

Um herauszufinden, wie viel du in der ersten Hälfte dieses Buches gelernt hast, versuche dich an diesen zehn Kontrollübungen. Einige werden dir leicht fallen, andere wiederum erfordern etwas mehr Konzentration. Versuche zunächst, die Aufgaben im Kopf, also ohne Zuhilfenahme des Schachbretts zu lösen. Wenn dir das nicht auf Anhieb gelingt, kannst du natürlich Brett und Figuren benutzen. Solche Schachaufgaben zu lösen, ist ein sehr effektives Training für dich. Die Antworten stehen auf Seite 60.

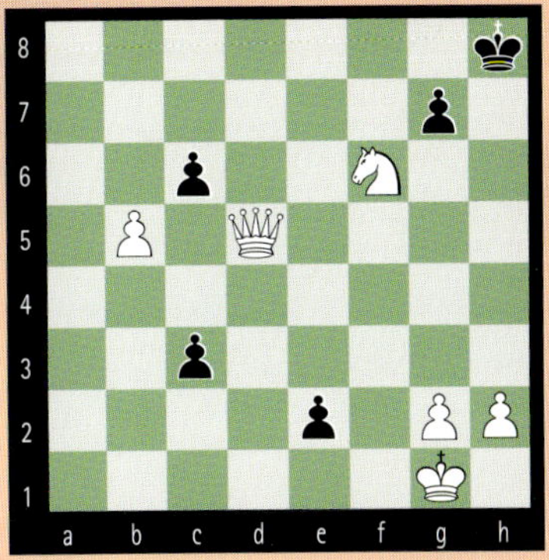

1 *Welcher ist der beste von allen Bauernzügen, die Schwarz hier machen kann?*

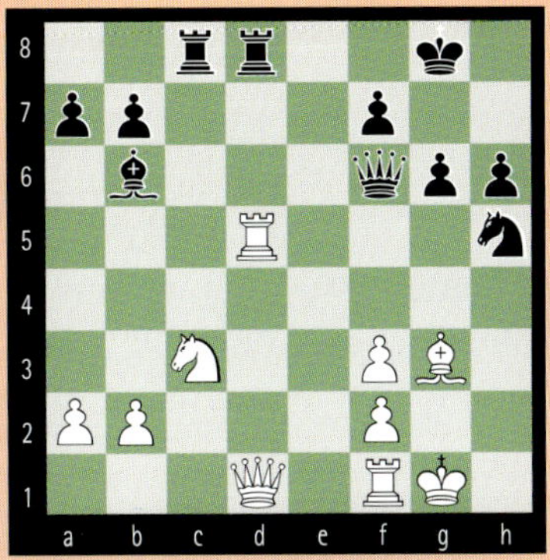

2 *Schwarz hat hier viele verschiedene Möglichkeiten zu schlagen. Welche ist die beste?*

3 *Weiß ist dabei, mit Zügen wie* **Te1+** *oder* **Dxd6** *einen heftigen Angriff zu starten. Wie sollte Schwarz dieser Drohung am besten begegnen?*

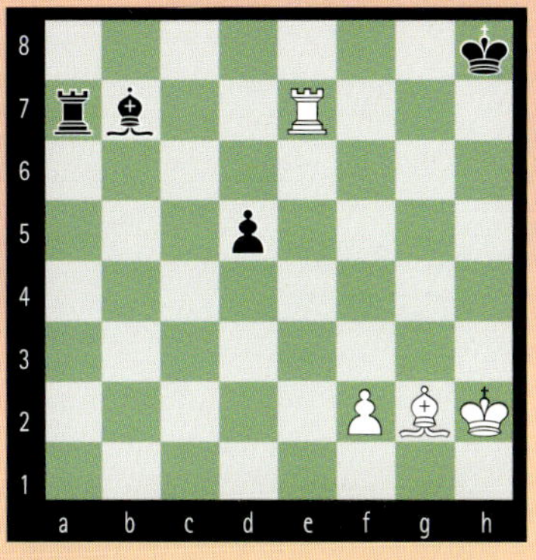

4 *Der weiße Turm steht auf der siebten Reihe hervorragend. Wie kann dies für einen entscheidenden Materialvorteil genutzt werden?*

5 *Weiß ist am Zug. Wie kann er aus dieser Stellung einen Vorteil schlagen, der für einen Sieg reicht?*

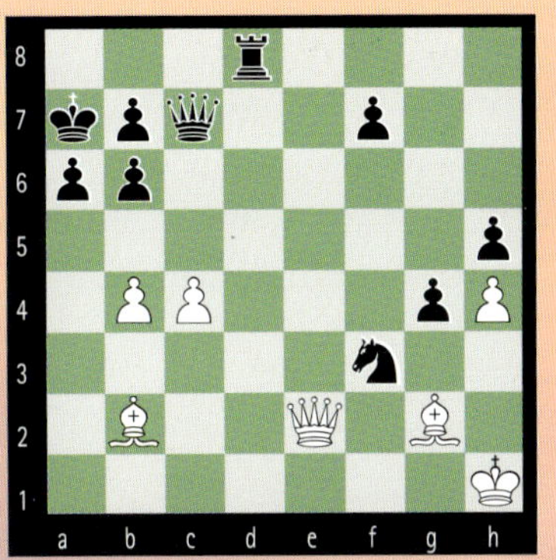

6 *Wie sollte Schwarz hier ziehen?*

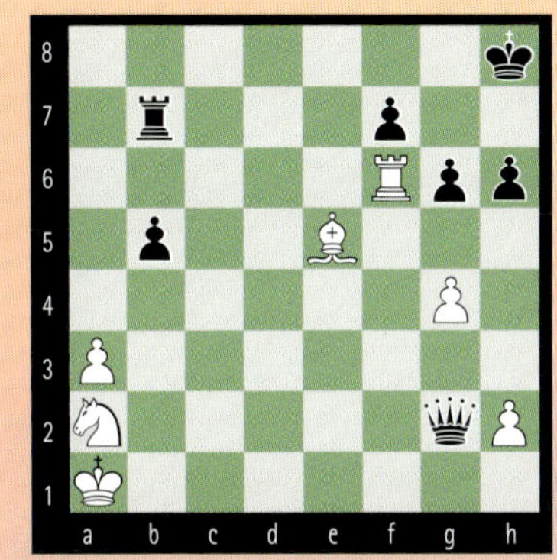

7 *Mit dem nächsten Zug kann Weiß (am Zug) einen Vorteil erwirken, der zum Sieg reicht. Siehst du wie?*

8 *Schwarz hat soeben einen Bauern vorgezogen und greift nun den weißen Springer an. Wie würdest du darauf antworten?*

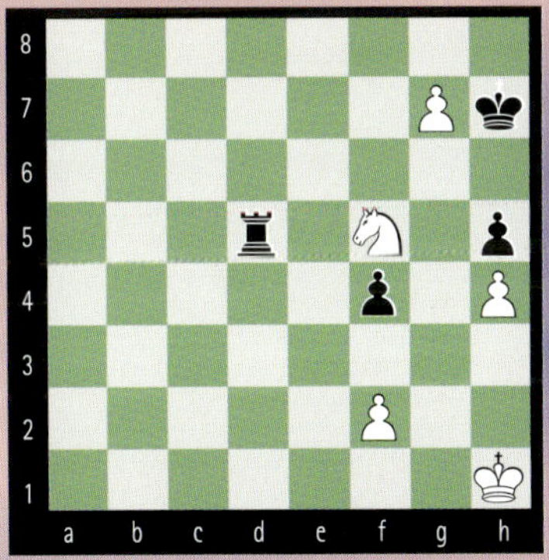

9 *Wie gelangt Weiß aus dieser Stellung zu einem entscheidenden Materialvorteil?*

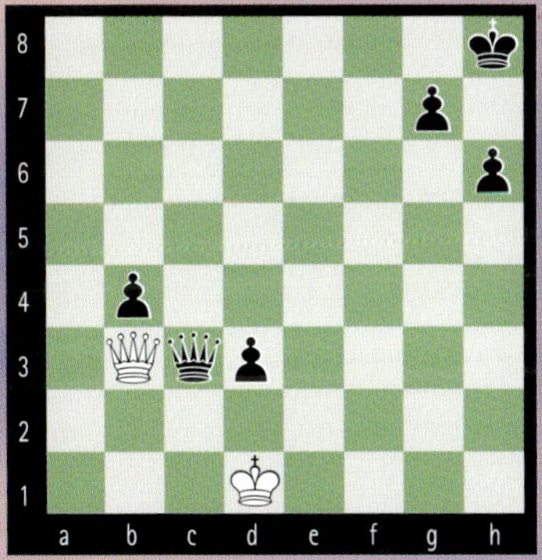

10 *Weiß ist vier Bauern im Rückstand. Lässt sich die Situation dennoch retten?*

▷ *Die Schachweltmeister und die Jahre, in denen sie den Titel innehatten.*

Wilhelm Steinitz 1886–1894

Emanuel Lasker 1894–1921

José-Raoul Capablanca 1921–1927

Alexander Alekhine 1927–1935, 1937–1946

Max Euwe 1935–1937

Michail Botvinnik 1948–1957, 1958–1960, 1961–1963

Die Weltmeisterschaft I

Jeder große Schachspieler träumt davon, Schachweltmeister zu werden. Der Sieger einer heiß umkämpften Weltmeisterschaft geht ein in die ruhmvolle und mehr als hundert Jahre umfassende Liste früherer Titelträger.

UMSTRITTENE ANFÄNGE

1866 forderte der selbstbewusste Österreicher Wilhelm Steinitz den deutschen Spieler Adolf Anderssen in London zu einem Zweikampf heraus, gewann und erklärte sich selbst zum „Schachweltmeister". Nie zuvor hatte es einen offiziellen Weltmeister gegeben und es war alles andere als sicher, dass Steinitz nun der erste sein sollte. Später, 1883, versuchte der Deutsche Johannes Zuckertort den gleichen Trick, nachdem er in Europa einige Turniere gewonnen hatte, und behauptete ebenfalls, er sei „Weltmeister". Steinitz gefiel das gar nicht, und so kam es in den USA zu einem Wettkampf, aus dem derjenige als Titelträger hervorgehen sollte, der als erster 10 Partien für sich würde entscheiden können. Das war der Beginn der offiziellen Weltmeisterschaft.

DIE HÖCHSTE EHRE

Steinitz gewann den Wettkampf und wurde damit zum ersten in einer langen Reihe von Titelträgern. Weltmeistern wird in der Schachszene großer Respekt gezollt. Zwischen einzelnen Titelkämpfen können viele Jahre liegen. Umso größer ist dann das Aufsehen, wenn wieder eine Weltmeisterschaft ausgetragen wird. Die Titelkämpfe ziehen sich über Wochen oder sogar Monate hin.

Vassily Smyslov
1957–1958

Michail Tal
1960–1961

Tigran Petrosjan
1963–1969

Boris Spassky
1969–1972

Bobby Fischer
1972–1975

Anatoly Karpov
1975–1985

Garri Kasparov
1985–

***Wilhelm Steinitz** (1836–1900) führte im Schach das Positionsspiel ein. Dieser österreichische Spieler hatte erkannt, dass man nicht unbedingt mit aller Macht den König angreifen muss, um zu gewinnen.*

***Emanuel Lasker** (1868–1941) hielt den Titel mit insgesamt 27 Jahren so lange wie kein anderer. Am Schachbrett war der Deutsche ein Psychologe. Er spielte stets gegen den Menschen, nicht gegen die Figuren auf dem Brett. Seine große Stärke lag im Mittelspiel.*

***José-Raoul Capablanca** (1888–1942) verband das Schachspielerleben mit seinem Dasein als kubanischer Diplomat. Er war ein Freund von klaren und übersichtlichen Stellungen und seine Siege hatten etwas Müheloses.*

***Alexander Alekhine** (1892–1946) floh 1921 aus der Sowjetunion und ließ sich später in Paris nieder. Alekhine war schachbesessen und studierte das Spiel acht Stunden am Tag. Sein Stil war explosiv und dynamisch. Er starb mittellos im Jahre 1946, wenngleich er immer noch den Titel innehatte.*

***Max Euwe** (1901–1981) war ein niederländischer Mathematiker, der sein erstes Turnier im Alter von zehn Jahren gewann. Er war ein äußerst logisch veranlagter Spieler und trug den Titel nur für zwei Jahre.*

***Michail Botvinnik** (1911–1995) ist der „Patriarch des sowjetischen Schachspiels" genannt worden. Er war ein ausgebildeter Wissenschaftler und widmete sich allen Abschnitten des Spieles, einschließlich der Eröffnung, mit der gleichen Sorgfalt.*

***Vassily Smyslov** (geb. 1921) wurde in Moskau geboren. Seine Stärke lag im Endspiel. In vielerlei Hinsicht war er ein Nachfolger Capablancas.*

***Michail Tal** (1936–1992) wurde mit 23 Jahren Weltmeister. Er war ein glänzender Taktiker, der keine Furcht kannte. Seine Zweikämpfe mit Botvinnik waren denkwürdige Ereignisse.*

***Tigran Petrosjan** (1929-1984) wurde in Armenien in der früheren Sowjetunion geboren. Er spielte defensiv und war nur sehr schwer zu besiegen.*

***Boris Spassky** (geb. 1937) wurde in Russland geboren. Er hatte einen mühelosen, natürlichen Stil, aber er dominierte die Schachweltmeisterschaft nicht lange. Mit der Hingabe seines großen Rivalen Bobby Fischer konnte er nie mithalten.*

***Bobby Fischer** (geb. 1943) wurde mit 14 Jahren bei den US-Meisterschaften der jüngste Sieger aller Zeiten. Schach bestimmte sein Leben – aber als er die Weltmeisterschaft gewonnen hatte, stieg er aus dem Wettkampfsport aus und wurde geradezu zum Einsiedler.*

***Anatoly Karpov** (geb.1951) erlernte das Schachspiel mit vier Jahren und ließ sich dann von Botvinnik in Moskau ausbilden. Er ist ein sehr natürlicher Spieler, der sich in der Defensive eher zu Hause fühlt als in der Offensive.*

***Garri Kasparov** (geb. 1963) wurde in Aserbeidschan in der ehemaligen Sowjetunion geboren und war mit 22 Jahren der jüngste Weltmeister aller Zeiten. Sein Spiel ist so dynamisch und voller Energie wie das seines Idols Alekhine.*

Die Weltmeisterschaft II

Bei einem Weltmeisterschaftskampf verfolgen tausende Schachfreunde die Partien. Einige Spieler motiviert dies zu Höchstleistungen, andere wieder brechen unter dem Druck förmlich zusammen.

Der beste Zug in einer Weltmeisterschaft?

Das Niveau bei Weltmeisterschaften ist, wie man es nicht anders erwarten würde, immer unglaublich hoch gewesen. So fällt es denn auch schwer, einen Zug aus tausenden auszuwählen. Dennoch ist dies ein besonders denkwürdiger Zug **(Diagramm 1)**. Er wurde 1966 im Kampf zwischen Tigran Petrosjan und Boris Spassky gespielt. Petrosjan schlägt seinen Kontrahenten nach allen Regeln der Kunst.

1 *Petrosjan (Weiß) gibt seine Dame:* **30. Dh8+**. *Ein geschicktes, vorübergehendes Opfer, mit dem Ziel, den schwarzen König auf ein schwaches Feld zu locken. Spassky gibt sofort auf: Nach* **30. ... Kxh8 31. Sxf7+** *entsteht eine tödliche Springergabel. Der schwarze König muss aus dem Schach ziehen:* **31. ... Kg7** *aber dann nimmt der Springer die Dame:* **32. Sxg5**.

2 *Hiernach hat Weiß einen Springer und einen Bauern mehr – in diesem fortgeschrittenen Stadium der Partie mehr als genug Materialvorteil für einen sicheren Sieg.*

Der schlechteste Zug in einer Weltmeisterschaft?

Neben hervorragenden Zügen waren auch immer echte Stümpereien dabei. Unter Druck können sogar die besten Spieler der Welt haarsträubende Fehler machen. Diese falsche Berechnung **(Diagramm 3)** stammt aus dem Jahr 1978 aus einem erbitterten Kampf zwischen Viktor Kortschnoi, dem Herausforderer und sowjetischen Abtrünnigen, und seinem Erzfeind Anatoly Karpov.

3 *Wenngleich Karpov (Schwarz) mit einem Grundreihenmatt durch den Turm droht, hätte doch der g-Bauer vorziehen können, wodurch der König ein Fluchtfeld bekommen hätte. Stattdessen leistet sich Kortschnoi einen ernsten Missgriff. Er spielt* **39. Ta1** *und lässt damit ein raffiniertes Ende der Partie zu:* **39. ... Sf3+** *und Kortschnoi gibt sofort auf, denn auf* **40. gxf3** *wäre* **40. ... Tg6+** *gefolgt und* **41. Kh1 ... Sf2**.

WER IST DER AKTUELLE WELTMEISTER?

Garri Kasparov würde sagen, dass er seit seinem Sieg über Karpov in der Weltmeisterschaftsendrunde 1985 seinen Titel nicht weniger als fünf Mal verteidigt hat und deshalb Weltmeister ist.

Andererseits gibt es da den Russen Alexander Khalifman aus St. Petersburg, den amtierenden FIDE-Weltmeister. Er gewann den Titel durch seinen Sieg in einem riesigen K.-o.-Turnier in Las Vegas im Jahr 1999 (Kasparov nahm nicht daran teil). Khalifman sagt von sich: „Ich bin der FIDE-Weltmeister, der einzige Weltmeister, der gegenwärtig existiert."

Die FIDE (Fédération Internationale Des Échecs) ist der Weltschachbund. Kasparov trat 1993 aus, um seine eigenen Weltmeisterschaften zu organisieren. Einige Schachspieler sprechen diesen Wettkämpfen ihre Berechtigung ab, da sie nicht von der FIDE unterstützt werden.

Wir sollten auch Anatoly Karpov nicht vergessen (Weltmeister von 1975 bis 1985). Er behauptet, noch immer der FIDE-Weltmeister zu sein, wenngleich er seinen 1994 errungenen Titel nicht verteidigen konnte.

△ *Michail Botvinnik und David Bronstein 1951 im Kampf um die höchsten Ehren auf der Bühne der Tschaikowski-Konzerthalle in Moskau.*

△ *Karpov und Kasparov kämpften zwischen 1984 und 1990 bei fünf Weltmeisterschaften gegeneinander und kamen dabei auf insgesamt 144 Partien.*

Der weiße König sitzt in der Ecke fest. Schachmatt.

EIN GROSSES DURCHEINANDER? ES KOMMT NOCH SCHLIMMER!

Heißt der Weltmeister nun Kasparov, Karpov oder Khalifman? Dem US-Repräsentantenhaus zufolge ist es keiner von ihnen. Am 13. März 1986 bekundete es in einer Resolution, „... dass die US-Regierung Bobby Fischer als den offiziellen Weltmeister anerkennt".

Fischer errang den Titel 1972, er wurde ihm aber 1975 von der FIDE wieder aberkannt, als er sich weigerte, gegen seinen Herausforderer Karpov anzutreten. Dennoch beansprucht er bis heute den Titel und zumindest noch in den 1980er Jahren unterstützte die US-Regierung ihn darin.

Um die Sache noch ein wenig komplizierter zu machen, gibt es einige Stimmen, die meinen, ein Computer sollte zum Schachweltmeister ernannt werden. Auf den Seiten 56–57 wirst du von *Deep Blue* lesen, dem Computer, der Kasparov bezwang.

▷ *Der hervorragende US-Amerikaner Bobby Fischer gewann den Titel 1972, ist seither aber kaum angetreten.*

Der Grösste

In vielen Sportarten gibt es eine Persönlichkeit, die als „der Größte" hervorsticht. Beim Boxen würden die meisten Mohammed Ali nennen; beim Fußball Pelé; und beim Schach müsste man sich für Garri Kasparov entscheiden. 1985, mit 22 Jahren, wurde er durch seinen Sieg über den amtierenden Titelträger Anatoly Karpov der jüngste Schachweltmeister aller Zeiten. Seither hat Kasparov seinen Titel schon fünfmal verteidigt und auch zahlreiche weitere Turniere für sich entschieden.

△ Garri Kasparov winkt seinen Fans zu, nachdem er die entscheidende Partie im Weltmeisterschaftsendkampf 1985 gewonnen hat. Es war das erste Mal in seiner Karriere, dass er den Siegerkranz (oben) erhielt.

DIE FRÜHEN JAHRE

Kasparov wurde 1963 als Kind eines russisch-jüdischen Vaters und einer armenischen Mutter in Baku geboren, der Hauptstadt der ehemaligen Sowjetrepublik Aserbeidschan. Im Alter von fünf Jahren schaute er seinem Vater beim Schachspielen zu und erlernte so die Züge. Er machte schnell Fortschritte. Damals war die Sowjetunion mit ihrer großen Schachtradition der ideale Lebensort für einen talentierten jungen Schachspieler. Von Kindesbeinen an erhielt Kasparov die beste Förderung. Atemberaubend schnell gelangte er an die Spitze der Schachwelt.

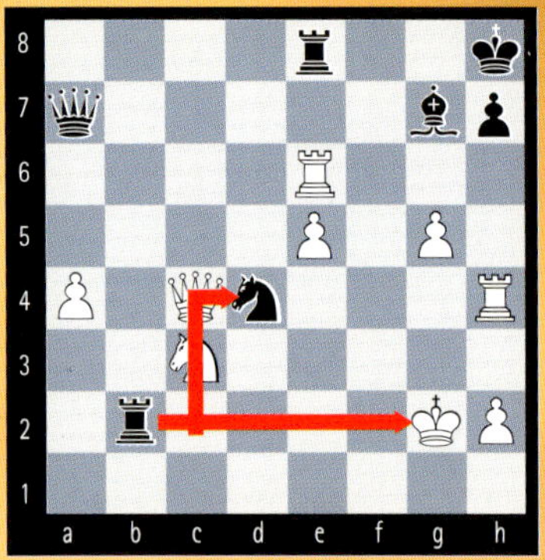

Dies war die letzte Stellung in der 24. und letzten Partie dieses 1985er Kampfes. Kasparov (Schwarz) hat seinen Springer soeben vom Feld c2 entfernt, so dass der Turm dem König Schach bietet – ein klassischer Fall von Abzugsschach. Daraufhin gab Karpov die Partie und damit auch seine Schachkrone auf. Wenn der weiße König zieht, schlägt der Springer den weißen Turm auf e6 und Schwarz hat eine Gewinnstellung.

▽ Bereits mit 19 Jahren hatte Kasparov am Schachbrett eine charismatische Ausstrahlung und beeindruckte seine Gegenspieler durch sein großes Selbstvertrauen und seinen Siegeswillen.

KASPAROVS STIL

Als Garri Kasparov in den späten 1970er und frühen 1980er Jahren die Schachszene betrat, war er durch nichts aufzuhalten. Er schlug seine Gegner nicht nur, er vernichtete sie. In den 1970er Jahren hatte man beim Schach seinen Gegner zermürbt, ohne allzu viele Risiken einzugehen. Kasparovs Spiel war da ganz anders – dynamisch, explosiv und furchtlos.

△ *Bei der Weltmeisterschaft 1993 hatte Kasparov einen neuen Herausforderer – den Engländer Nigel Short.*

KARRIERESTATIONEN

1963 Geboren in Baku, in der Sowjetrepublik Aserbeidschan.
1968 Erlernt er die Schachzüge.
1975 Jugend-Schachmeister der UdSSR.
1980 Jugend-Weltmeister; erhält den Großmeistertitel.
1984 Fordert er Karpov erstmals zum Kampf um den Weltmeistertitel heraus.
1985 Der Kampf wird im Februar nach vier Monaten abgebrochen, weil Karpov erschöpft ist.
1985 Kasparov gewinnt sechs Monate später den erneuten Kampf und wird mit 22 Jahren der jüngste Weltmeister aller Zeiten.
1986 Besiegt er Karpov in London und Leningrad.
1987 . . . und erneut in Sevilla.
1990 . . . und erneut in New York und Lyon.
1993 Ein neuer Herausforderer – Sieg gegen Nigel Short.
1995 Verteidigt er seinen Titel in New York gegen Anand.
1997 Verliert er in New York gegen *Deep Blue*.
1999 Besiegt er in vier Turnieren namhafte Opponenten.
2000 Gewinnt er die ersten beiden Spitzenturniere des Jahres.

DER SOWJETISCHE AUSSENSEITER

Schach und Politik waren in der Sowjetunion stets eng miteinander verwoben. Der Sowjetregierung bereitete Kasparov Kopfzerbrechen. Er war bei weitem zu unverblümt. Bei seinem ersten Zusammentreffen mit Anatoly Karpov im Weltmeisterschaftskampf 1984 intervenierte die sowjetische Sportkommission und unterbrach den Kampf, als es so aussah, als werde ihr loyaler Favorit, Karpov, aus Erschöpfung verlieren. Ein Sowjetfunktionär sagte damals, „wir haben einen Weltmeister, wir brauchen keinen anderen", vor allem keinen, der der Parteilinie nicht folgte.

1990 sah sich Kasparov gezwungen, aus seiner Heimatstadt Baku am Kaspischen Meer zu fliehen, als aserbeidschanische Nationalisten in der Stadt an die Macht kamen. In Moskau charterte er ein Flugzeug, um möglichst viele der bedrohten Armenier in Sicherheit zu bringen. Seither lebt er mit seiner Familie in Moskau.

Kasparovs Karriere hat nur einen einzigen Knick – seine Niederlage gegen den Computer *Deep Blue* im Jahr 1997 (siehe S. 56-57).

Die kürzesten und die längsten Partien

Eine Schachpartie kann nach wenigen Zügen entschieden sein – oder auch erst nach hunderten. Sie kann schnell oder langsam gespielt werden. Eine der beliebtesten Varianten ist „Blitzschach", wobei jeder Spieler nur fünf Minuten für seine Züge hat. Manchem ist nicht einmal dies schnell genug...

Die kürzesten Partien

Das schnellste Matt lässt sich in zwei Zügen erreichen, allerdings nur, wenn der Gegner sich kooperativ zeigt, mach dir also keine allzu großen Hoffnungen. Klar, dass dieses Matt auch Narrenmatt genannt wird **(Diagramm 1)**.

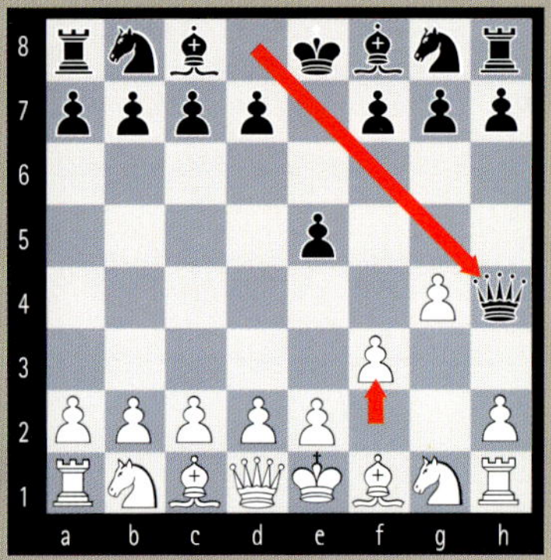

1 **1. g4 – e5 2. f3 – Dh4**
Schachmatt. Der König ist von seinen eigenen Figuren umringt und kann nicht entkommen. Miserables Spiel von Weiß! Zu Beginn einer Partie sollten immer die Bauern im Zentrum vorgerückt werden, nicht diejenigen am Rande.

Ein schnelles Matt, über das man mehr wissen sollte, ist das Schäfermatt. Dieser Angriff ist nicht zu empfehlen – er kann böse ins Auge gehen –, du solltest ihn aber erkennen, wenn dich jemand damit überraschen will **(Diagramm 2, 3 und 4)**.

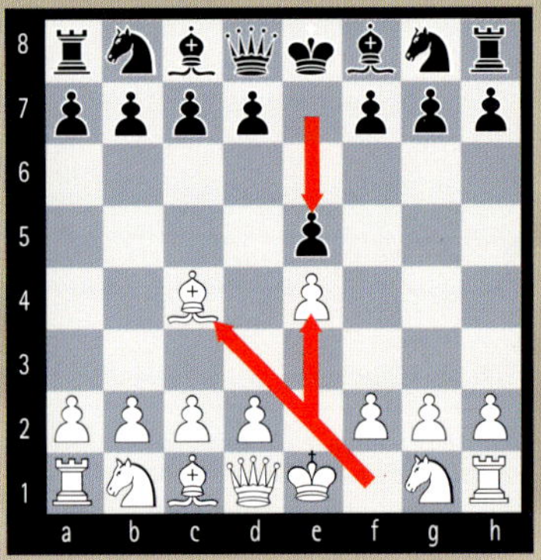

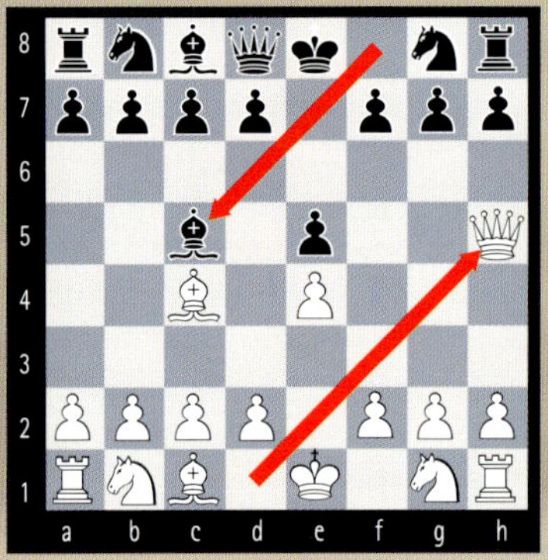

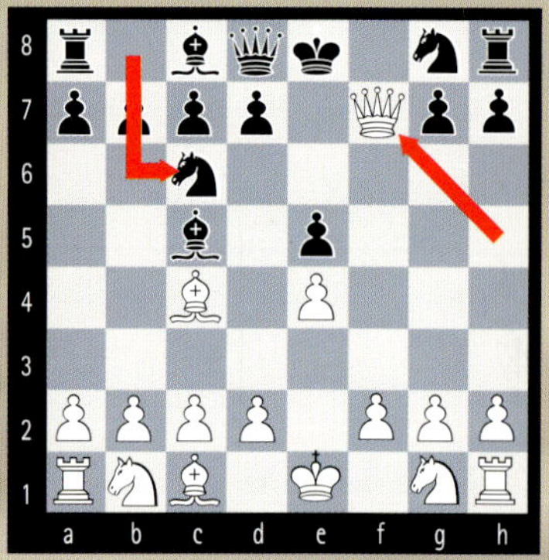

2 **1. e4 – e5 2. Lc4**
So weit vernünftige Eröffnungszüge von beiden Seiten. Die Bauern ziehen im Zentrum vor und der Läufer gelangt auf ein günstiges Feld. **2. ... Lc5 3. Dh5**

3 *Schwarz entwickelt ebenfalls den Läufer und Weiß bringt die Dame ins Spiel, mit Angriff auf den Bauern e5 und Mattdrohung auf f7. Würde Schwarz mit der Dame nach e7 ziehen, wären beide Drohungen nichtig. Stattdessen macht Schwarz einen erbärmlichen Zug.* **3. ... Sc6 4. Dxf7**

4 *Schachmatt. Schwarz erkannte, dass der e-Bauer gedeckt werden musste, und tat dies mit dem Springer. Dabei übersah er die größere Drohung – Matt auf f7. Der schwarze König kann die Dame nicht schlagen, da diese vom Läufer gedeckt wird. Ein Matt, das nicht nötig gewesen wäre.*

DIE LÄNGSTE PARTIE
In den meisten Turnieren ist heute ein Zeitlimit von sieben Stunden pro Partie vorgegeben. Früher gab es diese Begrenzung nicht. 1989 zog sich einmal eine Turnierpartie über 20 Stunden und 15 Minuten hin. 269 Züge wurden gemacht – und das Resultat? Ein Remis.

DER MOSKAU-MARATHON
Das längste Weltmeisterschaftsfinale aller Zeiten fand 1984–1985 zwischen den sowjetischen Spielern Anatoly Karpov und Garri Kasparov statt. Wer zuerst sechs Partien für sich entscheiden könnte, sollte der Sieger sein. Jedoch konnte Karpov, nachdem er bereits fünf Partien gewonnen hatte, Kasparov kein weiteres Mal schlagen. Einmal gab es 17 Remis in Folge. Nach 48 Partien wurde der Kampf abgebrochen, weil Karpov physisch und psychisch am Ende war. Zur allgemeinen Erleichterung wurden später im Jahr 1985, bei der Wiederholung des Kampfes, 24 Partien als Obergrenze festgelegt.

◁ Der Weltmeisterschafts-endkampf 1984–1985 zwischen Karpov (links) und Kasparov (rechts) dauerte fünf zermürbende Monate. Selbst die russische Schach-öffentlichkeit verlor einmal die Geduld und buhte und pfiff die beiden Spieler aus.

FERNSCHACH
Eine Art des Schachs, die alle Längenrekorde bricht, ist Fernschach. Die Spieler senden sich ihre Züge gegenseitig per Post zu. Dabei dürfen bis zur Antwort normalerweise drei Tage vergehen. Manche dieser Partien dauern Jahre. Es ist auch schon vorgekommen, dass Spieler gestorben sind, bevor eine Partie beendet werden konnte!

HOCHGESCHWINDIGKEITSSCHACH
Das andere Extrem, die erste Ein-Minuten-Weltmeisterschaft, fand 1999 unter dem Titel „bullet chess" (wörtlich: Geschoss-Schach) statt. Die Regeln sind einfach – wer nicht all seine Züge in einer Minute über die Bühne bringt, verliert. (Für Interessenten gibt es nähere Informationen im Internet-Schachclub unter www.chessclub.com)

Unsaubere Tricks

Beim Schach kochen die Emotionen manchmal so hoch, dass Spieler sogar gegen die Regeln verstoßen, um zu gewinnen. Verbreiteter als diese echten Regelverletzungen sind die kleinen, unsauberen Tricks. Das ist die Kunst, den Gegner nervös zu machen, ohne dabei die Spielregeln zu verletzen. Schon 1561 empfahl Ruy Lopez, einer der besten Spieler seiner Epoche, das Brett so aufzustellen, dass die Sonne dem Gegner ins Gesicht scheint!

△ 1977 gab es in einer Partie zwischen dem Sowjetrussen Tigran Petrosjan und seinem abtrünnigen Landsmann Viktor Kortschnoi blaue Flecken. Der Tisch wackelte und auch Füße kamen zum Einsatz!

Unsportliches Verhalten?

Es ist eine gängige Taktik, beim Spielen übertriebene Ticks an den Tag zu legen. Vielleicht erkennst du den einen oder anderen wieder:

Der **„Steinedrescher"** donnert eine Figur mit lautem Getöse mitten in deine Stellung und will damit meistens deine Aufmerksamkeit von einer ganz anderen Ecke des Brettes ablenken.

Der **Grimassenschneider** belächelt deinen Zug, antwortet prompt und lächelt überlegen weiter.

Anstarren ist noch einschüchternder. Der penetrante Blick von Weltmeister Michail Tal entnervte einen Gegner so sehr, dass dieser aus Rache eine verspiegelte Sonnenbrille aufsetzte.

Auch der **Tischwackler** kann einen aus der Ruhe bringen. Es ist nicht einfach, sich ordentlich zu konzentrieren, wenn die Figuren tanzen! Tigran Petrosjan bediente sich dieser Taktik 1977 gegen Viktor Kortschnoi. Als der ihn aufforderte, Ruhe zu geben, schaltete Petrosjan einfach sein Hörgerät aus. Kortschnoi antwortete mit einem flinken Tritt unter dem Tisch. Für die nächste Partie wurde dort eine Barriere aufgestellt.

HART AN DER GRENZE

Die Schachpartie mit den meisten unsauberen Tricks war das Weltmeisterschaftsfinale von 1978 zwischen dem Vertreter der Sowjetunion, Anatoly Karpov, und seinem Widersacher, dem damals staatenlosen Viktor Kortschnoi. Dieser hatte zwei Jahre zuvor der Sowjetunion den Rücken gekehrt. Die politische Atmosphäre war geladen, und so waren enorme Spannungen in der Partie vorprogrammiert.

△ Beim Finale der Weltmeisterschaft 1978 behauptete Viktor Kortschnoi (rechts), dass sich Anatoly Karpovs Team unlauterer Methoden bediente.

JOGHURT-GEHEIMSPRACHE

Mitten in der zweiten Partie wurde Karpov ein Joghurt gebracht. Kortschnois Lager reichte einen förmlichen Protest ein und behauptete, das Servieren des Joghurts könne eine versteckte Botschaft enthalten: „Ein Joghurt nach dem 20. Zug könnte heißen, ‚Wir fordern dich auf, ein Remis anzubieten'. Die Zahl der möglichen Varianten ist unbegrenzt." Daraufhin wurde verfügt, dass Karpov nur eine ganz bestimmte Joghurtsorte zu einer festgelegten Zeit und von einem ganz bestimmten Kellner bekommen durfte.

GEDANKENSPIELE

Eine russischer Parapsychologe, Dr. Vladimir Zukhar, saß in vorderster Reihe im Publikum und starrte Kortschnoi die ganze Partie über an. Ein Mitglied von Kortschnois Gefolgschaft begegnete dieser möglichen psychologischen Einflussnahme, indem er Dr. Zukhar ein Exemplar des anti-sowjetischen Romans *Der Archipel Gulag* überreichte und dann für den Rest der Partie hinter ihm Platz nahm, um ihn mit der Spitze eines Kugelschreibers zu „piesacken".

Der Vollständigkeit halber: Karpov gewann den Kampf.

Die Russen und Schach

Das Schachspiel kam im 9. Jahrhundert von Persien nach Russland. Bis ins 20. Jahrhundert war Schach dort genau wie in anderen Ländern hauptsächlich ein Spiel für Intellektuelle und Reiche. Nach der Oktoberrevolution im Jahre 1917 aber eroberte Schach die Bevölkerung des riesigen russischen Reiches im Zuge eines sozialen Experiments.

△ *Die Sowjetunion war das erste kommunistische Land der Welt. Sie wurde 1922 gegründet, vier Jahre nachdem die Bolschewisten unter Lenin die Macht ergriffen hatten.*

Schach und der Kommunismus

Als die Kommunisten an die Macht kamen, standen sie vor der Herausforderung, Volk in die Grundzüge des Marxismus einzuweisen, die politischen und wirtscha lichen Theorien also, auf denen die Sowjetunion basierte. Durch die Förderung des Schachspiels hoffte die Regierung, ihrem Volk erste Ansätze von wissenschaftlichem und rationalem Denken nahe zu bringen und so den Zugriff der russisch-orthodoxen Kirche zu lockern, die als Feind des Kommunismus galt.

△ *Nikolai Krylenko startete ein groß angelegtes Programm zur Verbreitung des Schachspiels in der Sowjetunion.*

Der grosse Plan

Lenin, der erste kommunistische Führer, war ein leidenschaftlicher Schachspieler. Nach seinem Tod im Jahre 1924 trieb Nikolai Krylenko, Kriegskommissar der ersten kommunistischen Regierung, die Verbreitung des Schachspiels unter der Bevölkerung voran. Schon bald gab es überall im Land Schachclubs in Fabriken und Schulen. Zeigten junge Spieler ein besonderes Talent, erhielten sie gezielte Förderung. Krylenkos ehrgeiziges Programm hatte großen Erfolg. 1936 nahmen 700000 Spieler am Gewerkschaftsturnier teil. In den frühen 1970er Jahren gab es rund vier Millionen registrierte Schachspieler in der Sowjetunion.

△ *In den 1930er Jahren wurden überall in der Sowjetunion Schachclubs gegründet – in Fabriken, Büchereien, auf Bauernhöfen und in der Armee.*

TERKLASSE!

„JEDER SCHACH SPIELENDE ARBEITER IN DER UDSSR IST EIN ANFÜHRER SOZIALISTISCHEN WETTBEWERBS IN DER INDUSTRIE."
„SCHACH IST EINE ECHTE WAFFE IM KAMPF GEGEN RELIGIÖSE VERBLENDUNG."

ERSTE ERFOLGE

Bei dieser Massenbewegung verwundert es nicht, dass es großartige Spieler gab. Den ersten großen internationalen Erfolg hatte Michail Botvinnik, der 1936 das berühmte Turnier von Nottingham gewann. In der *Prawda*, Russlands führender Zeitung, dankte Botvinnik seinem „geliebten Lehrer und Führer" Stalin für die Inspiration zu diesem Sieg. In der Sowjetunion gingen Politik und Schach Hand in Hand. Botvinniks Erfolg war der Vorbote der sowjetischen Schachdominanz nach dem Zweiten Weltkrieg.

△ Michail Botvinnik (links) war 1948 der erste sowjetische Schachweltmeister. Er arbeitete hart, dachte logisch und stand loyal zur kommunistischen Sache.

SOWJETISCHE ÜBERMACHT

Von 1948 bis 1972 kamen ausnahmslos alle Weltmeister aus der Sowjetunion. Der Erfolg zog weitere Erfolge nach sich. Botvinnik gründete eine Schachschule, die seinen wissenschaftlichen und methodischen Ansatz verbreitete und von der viele Spieler profitierten, darunter auch zukünftige Weltmeister wie Anatoly Karpov und Garri Kasparov.

DIE ZUKUNFT

Mit dem Ende des kommunistischen Regimes im Jahr 1991 und mit dem Zusammenbruch der Sowjetunion hörte die staatliche Förderung des Schachspiels praktisch auf. Angesichts der großen Schachtradition bringt das Land dennoch weiterhin herausragende Spieler hervor, deren Dominanz vermutlich noch viele Jahre andauern wird.

◁ Kämpfe am Schachbrett, wie der Weltmeisterschaftskampf Fischer-Spassky von 1972, waren ein Spiegelbild der politischen Rivalität, des Kalten Krieges zwischen der Sowjetunion und den USA.

Computer und Schach

Seit den ersten Tagen der Computerwissenschaften in den 1940er Jahren haben sich Fachleute der Entwicklung und Konstruktion von Schach spielenden Maschinen gewidmet. Jedoch wurden die Computer erst in den späten 1980er Jahren leistungsstark genug, um es mit den stärksten Spielern der Welt aufzunehmen.

◁ Pioniere des Computers wie Alan Turing glaubten, die Entwicklung von Schachprogrammen würde ihre Arbeit sehr positiv vorantreiben.

◁ 1769 stellte der österreichische Erfinder Baron Wolfgang von Kompelen seinen Schachautomaten „Der Türke" aus. Diese mechanische Figur schien die Steine ganz von selbst zu bewegen. Tatsächlich aber wurde sie von einem Menschen bedient, der in einem Kasten unter ihr versteckt war.

Wie kann ein Computer Schach spielen?

Die besten Spieler aus Fleisch und Blut werden in jeder Stellung in Gedanken zwei oder drei mögliche Züge durchspielen und sich nach reiflicher Überlegung für den besten entscheiden.

Ein Computer „denkt" über Schach ganz anders nach. Zuerst rechnet er in jeder Stellung alle möglichen Züge durch, sodann alle im darauf folgenden Zug denkbaren und so weiter Es dauert gar nicht lange, bis ein Computer Millionen verschiedener Stellungen durchgerechnet hat. Jede Stellung hat einen vorprogrammierten Wert, der Computer kann also den besten Zug ermitteln.

Während ein Computer in der Lage ist, die größere Anzahl von Stellungen durchzurechnen, gelingt es dem Spieler aus Fleisch und Blut, eine sinnvolle Auswahl möglicher Züge in Erwägung zu ziehen. Deshalb behaupten manche Leute, der Mensch habe ein tieferes Verständnis der Position als ein Computer.

▽ *Der Schachcomputer Phantom ist mit der neuesten Technik ausgestattet und kann echte Figuren bewegen.*

Schon gewusst?

Schach ist ein ideales Spiel für das Internet. Du kannst online gehen und wirst im World Wide Web tausende Spieler finden, die überall in der Welt Schach spielen. Wenn du mitspielen möchtest, findest du auf S. 60 eine Reihe von Internet-Adressen.

◁ *Moderne Schachcomputer können auf verschiedenen Leistungsniveaus spielen und viele von ihnen haben auch berühmte Partien abgespeichert. Zum Üben sind diese Computer sehr nützlich.*

WIE MAN GEGEN SEINEN SCHACHCOMPUTER GEWINNT

Anspruchsvolle Schachcomputer sind heutzutage jedem zugänglich. Sie stellen eine ganz andere Herausforderung dar als Gegner aus Fleisch und Blut. Hier findest du einige Tipps, wie du deinen Schachcomputer besiegen kannst.

- Fange auf dem leichtesten Niveau an und steigere dich dann.
- Computer sind taktisch besonders stark, passe also gut auf deine Figuren auf und achte auf Tricks wie Gabel und Fesselung.
- Strategisch sind Computer nicht so stark – da sind ihnen die Menschen weit überlegen. Siehst du also einen möglichen Schwachpunkt auf der anderen Seite des Brettes, nutze ihn aus.
- Wenn gar nichts mehr geht, schalte den Computer aus!

SCHACH-DATENBANKEN

Die Fähigkeit des Computers, sich riesige Mengen Informationen zu merken, hat das Schachspiel revolutioniert. Jeder professionelle Spieler hat stets ein Laptop bei sich, auf dem Millionen Spitzenspiele gespeichert sind. Mit ein paar Tastaturbefehlen kann man die zurückliegenden Partien des Gegners aufrufen und nach seinen Schwächen suchen, gerade so wie ein Fußballmanager vor einem Spiel die Verteidigung des gegnerischen Teams auf Video studieren würde.

◁ *1999 nahm es Garri Kasparov im Internet mit einem weltweiten Team auf. Nach vier Monaten harten Kampfes gewann er schließlich.*

„Wenn ein Computer den Weltmeister besiegt, dann ist ein Computer auch in der Lage, die besten Bücher der Welt zu lesen, die besten Theaterstücke zu schreiben und alles über die Geschichte, die Literatur und die Menschen zu wissen."
Garri Kasparov, Schachweltmeister

DIE GRÖSSTE HERAUSFORDERUNG

Im Mai 1997 gelangte eine Schachpartie rund um den Globus in die Schlagzeilen. Garri Kasparov, der amtierende Schachweltmeister und vielleicht beste Spieler aller Zeiten, trat gegen *Deep Blue* an, einen 1,4 Tonnen schweren Computer, den US-Wissenschaftler erbaut und bedient haben.

KASPAROV GEGEN *DEEP BLUE*

Die *Deep Blue*-Mannschaft hatte schon zweimal versucht, Garri Kasparov zu schlagen, 1989 und 1996. In beiden Fällen erlitt der Computer eine Niederlage. 1997 trafen sich alle erneut zu einem Wettkampf über sechs Partien. Das IBM-Team hinter *Deep Blue* war sich sicher, dass die Maschine diesmal gut genug sein würde, um den Weltmeister zu bezwingen. Dennoch sagte Garri Kasparov vor dem Kampf auf die Frage, ob das Undenkbare geschehen könnte: „Ich glaube nicht, dass zur Diskussion steht, ob ich verlieren könnte. Ich verliere nie. Ich habe noch nie in meinem Leben verloren."

◁ *Einer der riesigen Prozessoren von* Deep Blue. *Der Name* Deep Blue *verbindet den ursprünglichen Namen des Projekts* Deep Thought *(tiefer Gedanke) mit dem Spitznamen der Firma IBM,* Big Blue *(großes Blau).*

△ *Kasparov (rechts) gegenüber sitzt ein Mitglied der Mannschaft von* Deep Blue *und führt alle Züge aus, sobald sie auf dem Bildschirm erscheinen.*

DER GROSSE KAMPF

Mit fortschreitendem Spielverlauf wurde deutlich, dass *Deep Blue* weit stärker spielte als in den vorausgegangenen Jahren. Vor der sechsten und letzten Partie war der Spielstand ausgeglichen. Und dann machte Kasparov zum ersten Mal in seiner Karriere eine Bruchlandung. Nach nur einer Stunde – eine hochkarätige Schachpartie dauert im Durchschnitt etwa vier Stunden – lag seine Stellung in Schutt und Asche. Bei der Abschlusszeremonie war Kasparov außer sich vor Wut. Wenn *Deep Blue* in einem richtigen Turnier anträte, so tobte er, würde er ihn „in Stücke reißen".

△ *Mehrmals im Verlauf des neuntägigen Kampfes wurde es heiß für Kasparov. Alle Partien hindurch stand er unter ständigem Druck, denn* Deep Blue *errechnete seine Züge weit schneller als er selbst.*

Deep Blue	DIE GEGNER	Kasparov
2 Meter	**Größe**	*1,8 Meter*
1,4 Tonnen	**Gewicht**	*80 kg*
8 Jahre	**Alter**	*34 Jahre*
32 Prozessoren	**Prozessoren**	*50 Milliarden Neuronen*
200 Millionen	**Züge pro Sekunde**	*2*
elektrisch	**Energiequelle**	*elektrisch/chemisch*

DIE ZUKUNFT

Nie zuvor hatte Kasparov einen entscheidenden Wettkampf verloren und er wollte unbedingt eine Revanche. Zu seinem Pech löste sich die *Deep Blue*-Mannschaft nach dem Wettkampf auf. Sollen wir also unsere Schachspiele wegräumen und das Spiel den Maschinen überlassen? Die Antwort lautet ganz entschieden: nein. Die Möglichkeiten im Schach sind fast unbegrenzt. *Deep Blue* ist kein unfehlbarer Schachspieler. Selbst noch leistungsfähigere Computer werden noch lange brauchen, bis sie das Geheimnis des Spiels gelüftet haben. Möglicherweise wird ihnen dies nie gelingen.

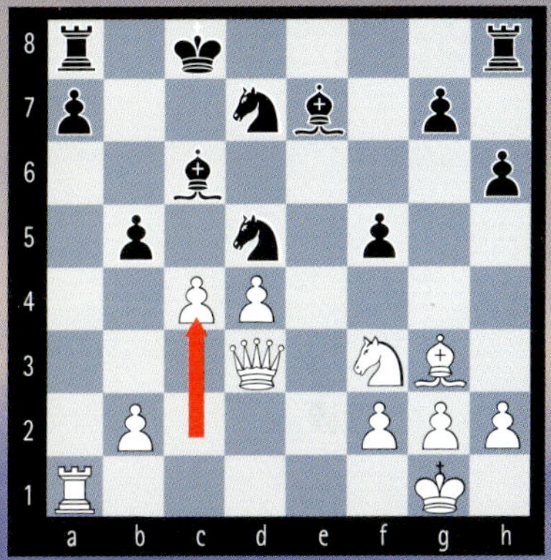

△ *Kasparov (Schwarz) hat seine mächtigste Figur, die Dame, verloren. Sein König steht ungeschützt und wird nun bald von den* Deep Blue*-Figuren vernichtet. Zu diesem Zeitpunkt hatte der Weltmeister aus Fleisch und Blut genug. Er gab auf.*

Glossar

Auf den folgenden Seiten stehen wichtige Ausdrücke, die häufig im Schach verwendet werden. Nicht alle werden in diesem Buch benutzt, es kann aber sinnvoll sein, sie zu kennen, wenn du auch andere Bücher zu diesem Thema lesen willst.

Abtausch Figuren gleichen Wertes werden nacheinander geschlagen. So bedeutet „Läufertausch", dass beide Seiten einen Läufer aufgeben müssen.

Abzugsschach Wenn eine Figur abzieht und damit eine andere in die Lage versetzt, unmittelbar Schach zu bieten. (Siehe S. 32-33)

Aufgabe Wenn ein Spieler weiß, dass seine Niederlage unausweichlich ist, kann er oder sie das Spiel aufgeben, bevor es zum Matt kommt.

Blindschach Eine Partie, bei der die Spieler das Schachbrett nicht sehen – dabei müssen sie sich nicht unbedingt die Augen verbinden! Die Spieler stellen sich die Position nur in Gedanken vor und machen ihre Züge mündlich, indem sie die Notation benutzen.

Damenflügel Die Bretthälfte, auf der zu Beginn der Partie die Dame steht, also die linke Seite für Weiß und die rechte Seite für Schwarz. Selbst wenn die Dame auf die andere Seite zieht, bleibt der Damenflügel dort, wo sie zu Beginn gestanden hat. (Vgl. Königsflügel)

Diagonale Die schrägen Linien des Schachbretts, auf denen der Läufer und die Dame sich bewegen können. Die Diagonalen werden durch die Felder an ihren beiden Enden benannt, also zum Beispiel die b1-h7 Diagonale.

Doppelangriff Eine Figur greift gleichzeitig zwei Steine an. Die Springergabel ist ein Beispiel hierfür.

Doppelschach Zwei Figuren bieten dem König gleichzeitig Schach. Diese Situation kann nach einem Abzugsschach eintreten.

en prise Wenn eine Figur schutzlos einem Angriff ausgeliefert ist oder von einer weniger wertvollen Figur angegriffen wird, ist sie „en prise". Dies ist zum Beispiel der Fall, wenn ein Springer eine Dame angreift.

Endspiel Nach Eröffnung und Mittelspiel die dritte Phase der Partie. Im Endspiel sind nur noch wenige Figuren auf dem Brett. Die Strategie sieht nun ganz anders aus als in den ersten beiden Phasen. Mattangriffe werden zum Beispiel seltener und so gelangt der König zu Macht. Das Hauptziel ist ein Bauerndurchbruch zur achten Reihe und eine Umwandlung zur Dame.

Entwicklung Das Herausbringen der Figuren zu Beginn einer Partie. Einen „Entwicklungsvorsprung" zu haben, kann von größter Wichtigkeit sein.

Eröffnung a) Die erste Phase einer Partie. Die Figuren werden entwickelt und der König in Sicherheit gebracht. (Vgl. Mittelspiel und Endspiel)

b) Eine bestimmte Zugfolge zu Beginn einer Partie, wie zum Beispiel die spanische Eröffnung.

ersticktes Matt Wenn der König im Schach steht und nicht mehr fliehen kann, weil er von seinen eigenen Figuren blockiert wird.

Fernschach Eine Schachpartie, die per Post gespielt wird. Die Züge werden in der Schachnotation aufgeschrieben und dem Gegner zugesandt. Es können Bücher befragt und Züge ausprobiert werden, bevor man sich für einen Zug entscheidet.

Fesselung Eine Figur wird angegriffen, kann aber nicht ausweichen, weil sonst hinter ihr eine wertvollere Figur geschlagen würde. (Siehe S. 31)

Fianchetto Der Bauer vor dem Springer ist ein Feld vorgezogen, um dem Läufer Raum zu schaffen, damit er sich auf die längste Diagonale – für Weiß auf g2 oder b2, für Schwarz auf b7 oder g7 – entwickeln kann. Selbst vom Rand aus wirkt der Läufer über das ganze Brett.

FIDE (Fédération Internationale des Échecs) Der Weltschachbund, 1924 in Paris gegründet. Die FIDE hat viele Aufgaben. Sie entscheidet über strittige Spielregeln, verleiht den Meister- und Großmeistertitel und ist Gastgeberin der Schacholympiade.

Freibauer Ein Bauer, dem kein feindlicher Bauer mehr den Weg versperrt oder mit Schlagen droht. Dies gestattet dem Freibauern zumeist, bis zur achten Reihe vorzudringen und sich in eine Dame zu verwandeln.

Gabel Wenn zwei feindliche Figuren von einem einzigen Stein, oftmals dem Springer, angegriffen werden. (Siehe S. 30-31)

Gambit Eine Eröffnung, bei der Material geopfert wird, um einen Stellungsvorteil zu erringen. Normalerweise opfert man ein oder zwei Bauern, manchmal aber auch eine wichtigere Figur, wie einen Springer oder Läufer. (Siehe S. 28)

Großmeister Neben dem Weltmeister der höchste Titel im Schach. Von Millionen ernsthaften Spielern weltweit sind nur einige hundert von der FIDE mit dem Titel „Großmeister" ausgezeichnet worden. Offiziell heißt es „Internationaler Großmeister", aber dieser Ausdruck wird nicht so häufig verwendet.

Initiaitive Wer die Initiaitive hat, hat mehr Kontrolle über das Spiel und kann Drohungen aufstellen, die den Gegner in die Defensive drängen. Mit der „Initiaitive" im Rücken stehen einem Wahlmöglichkeiten offen, die dann allerdings auch genutzt werden müssen.

Internationaler Meister Der nächste Titel unter dem Großmeister.

isolierter Bauer Ein Bauer gilt als isoliert, wenn auf den benachbarten Linien kein Bauer der gleichen Farbe steht. Er kann also nicht von einem anderen Bauern beschützt werden und ist deshalb zumindest theoretisch gefährdet.

Kombination Eine Folge von Zügen, die zu Materialgewinn oder zum Matt führen.

Königsflügel Die Bretthälfte, auf der zu Beginn der Partie der König steht, also die rechte Seite für Weiß und die linke Seite für Schwarz. Selbst wenn der König auf die andere Seite zieht, bleibt der Königsflügel dort, wo der König zu Beginn gestanden hat. (Vgl. Damenflügel)

Leichtfiguren Springer oder Läufer.

Linie Eine Linie verläuft vertikal über acht Felder und wird durch einen Buchstaben benannt. So könnte es heißen, „die schwarzen Türme dringen über die c-Linie in die Stellung ein".

Material Ein Ausdruck für die Figuren, wenn es im erweiterten Sinne um deren Wert geht. „Weiß verliert Material" heißt beispielsweise, dass Weiß mehr Wertpunkte verliert als Schwarz.

Materialgewinn Das Gegenteil von Materialverlust.

Materialverlust Dies ist ein Tausch Turm gegen Springer oder Turm gegen Läufer. Wenn ein Spieler so den Turm verloren hat, spricht man von einem Materialverlust.

Matt Das Ende der Partie, wenn der König im Schach steht und nicht mehr entkommen kann. (Siehe S. 20-21)

Mittelspiel Die zweite der drei Phasen einer Partie. Alle Figuren sind entwickelt und die richtige Schlacht hat begonnen. (Vgl. Eröffnung und Endspiel)

Offene Linie Eine Linie, auf der keine Bauern stehen und die es einem Turm oder einer Dame ermöglicht, tief in das feindliche Lager einzudringen. Manchmal genügt die Kontrolle der einzigen „offenen Linie", um ein Spiel für sich zu entscheiden.

Opfer Wenn Material hergegeben wird, um langfristig einen Vorteil zu erlangen. (Siehe S. 34-35)

Partieformular Das offizielle Dokument, auf dem die Züge während einer Partie notiert werden. Alle Turnierspiele müssen aufgezeichnet werden – das gehört zu den offiziellen Schachregeln.

Patt Wenn ein Spieler ziehen muss, ihm aber kein erlaubter Zug möglich ist und er auch nicht im Schach steht. Die Partie endet remis. (Siehe S. 37)

Problemschach Künstlich komponierte Stellungen, aus denen eine vorgegebene Anzahl von Zügen zum Sieg führt.

Rand Der Brettrand.

Reihe Die horizontalen Felderreihen auf dem Brett. Sie werden von 1 bis 8 nummeriert.

Schachgebot Eine Figur, die den König unmittelbar angreift, „bietet Schach". (Siehe S. 20-21)

Schachmatt (siehe Matt)

Schwerfiguren Dame oder Turm.

Simultanschach Eine Veranstaltung, bei der ein Großmeister oder sehr guter Spieler gegen eine Vielzahl von Gegnern gleichzeitig antritt. Zumeist sind es bis zu 30 Gegenspieler, aber den Rekord soll der jugoslawische Journalist Dmitri Bjelica halten, der 1982 gleichzeitig gegen 301 Spieler antrat. Die Veranstaltung dauerte neun Stunden – er gewann 258 Partien, erzielte 36 Remis und verlor 7 Spiele.

Spieß Wenn zwei Figuren auf der gleichen Linie angegriffen werden. Die wertvollere steht vorn in der Schusslinie. Sobald sie fortzieht, wird hinter ihr die weniger wertvolle Figur geschlagen.

Strategie Langzeit-Planung.

Taktik Dieses Wort hat beim Schach eine besondere Bedeutung. Eine Taktik ist ein kurzfristig angelegtes Manöver, das normalerweise auf Materialgewinn abzielt. Die gängigsten Taktiken haben bunte Namen bekommen, wie z.B. „der Spieß".

Tempo, Tempi Eine Zeiteinheit, die in Zügen ausgedrückt wird. Wenn z.B. die Dame vorzieht und sich dann wieder zurückziehen muss, könnte man von einem Tempoverlust sprechen. Wurden mehrere Tempi verloren, heißt dies, dass mehrere Züge vertan wurden.

Umwandlung oder Verwandlung Wenn ein Bauer bis zur achten Reihe vordringt, kann er sich in eine beliebige andere Figur umwandeln – Springer, Läufer, Turm oder Dame. Zumeist wird die Dame gewählt, denn sie hat die größte Macht. (Siehe S. 17)

Unterverwandlung Wenn ein Bauer die achte Reihe erreicht, aber eine andere Figur gewählt wird als die Dame.

Zeitnot In allen ernsthaften Schachturnieren wird mit Hilfe einer Schachuhr eine Zeitbegrenzung gesetzt. Der Standard sind 40 Züge in 2 Stunden für jeden Spieler, gefolgt von 20 Zügen in einer Stunde, falls die Partie bis dahin noch nicht beendet ist. Wenn sich ein Spieler seine Zeit nicht gut einteilt und dann übereilte Züge machen muss, sagt man, er sei „in Zeitnot" oder „unter Zeitdruck". Manche Spieler sind geradezu zeitnotsüchtig, sie scheinen überhaupt nur mit dem Adrenalinstoß zugfähig zu sein, der entsteht, wenn die Uhr auf null zugeht.

Zugzwang Gelegentlich gibt es im Schach die Situation, dass jeder denkbare Zug zum Nachteil des ziehenden Spielers ist. Es wäre besser, dann auszusetzen, aber das ist nicht möglich.

Lösungen und nützliche Adressen

Lösungen zu den Seiten 12-16

Seite 12: Der König kann den Springer auf d6 nehmen, den Bauern auf d7 oder den Turm auf f8.

Seite 13: Der Turm kann entweder den Bauern auf d6 schlagen oder den Springer auf c1.

Seite 14: Der Läufer kann nur eine Figur schlagen: den Bauern auf a2.

Seite 15: Die Dame kann den Turm auf e7 nehmen, den Springer auf b6 oder den Bauern auf f2.

Seite 16: Der Springer kann entweder den Bauern auf e3 schlagen oder den Läufer auf b4 bzw. den Turm auf c7.

Kontrollübungen, Seite 40-41

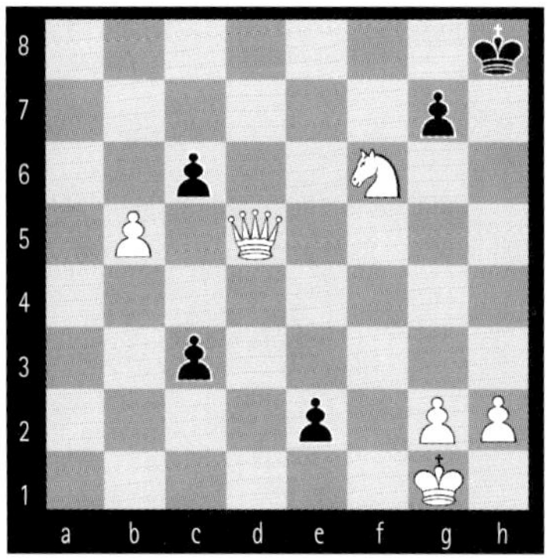

1 *Schwarz sollte mit* **1. ... e1(D)** *in eine Dame umwandeln – was Weiß sofort matt setzen würde.*

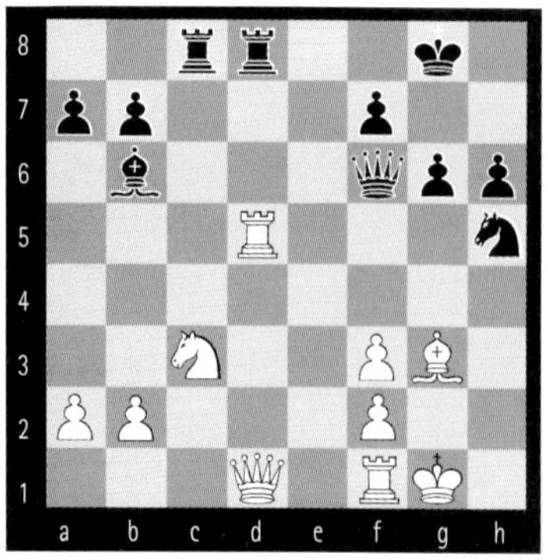

2 *Der mit Abstand beste Zug ist* **1. ... Sxg3**, *denn der Läufer wird ohne Gegenleistung gewonnen. Weiß darf den Springer nicht mit dem Bauern schlagen – das würde den König in das Schach des Läufers auf b6 bringen.*

Kontaktadressen

Deutscher Schachbund
Geschäftsstelle des DSB
Hanns-Braun-Straße
Friesenhaus I
14053 Berlin
Telefon 030/30 00 78 0
Fax 030/30 00 78 30
E-Mail Info@schachbund.de

Das Internet

Es gibt einige englischsprachige Websites, die sich mit Schach befassen:

Der Internet Chess Club *(ICC) unter* **www.chessclub.com** *steht Spielern aller Leistungsniveaus offen. Einige Weltspitzenspieler treffen sich hier. Es wird eine Einschreibegebühr erhoben.*

MSN *bietet eine weniger hoch angesiedelte und zudem benutzerfreundlichere Seite in seinem Spiele-Bereich* **www.zone.com** *an. Hier wird keine Einschreibegebühr erhoben.*

Der Free Internet Chess Server *(FICS) hält, was er verspricht – er kann kostenfrei genutzt werden. Diese Seite (Motto: „Wir tun es für das Spiel – nicht für das Geld") findest du unter* **fics.onenet.net**

Kasparov Chess Online *ist der ambitionierteste all dieser Internet-Auftritte und richtet sich sowohl an Anfänger als auch an Experten. Dort werden Online-Turniere veranstaltet und Freizeit-Partien ausgetragen, und es gibt die neusten Schachnachrichten, Tipps von Spitzenspielern und natürlich auch persönliche Beiträge von Kasparov selbst. Du findest die Seite unter:* **www.kasparovchess.com**

3 *Der beste Weg, der Drohung von Weiß zu begegnen, ist, den König durch die Rochade so schnell wie möglich aus der Mitte zu nehmen:* **1. … 0-0**. *Hinter den Bauern ist der König ziemlich sicher.*

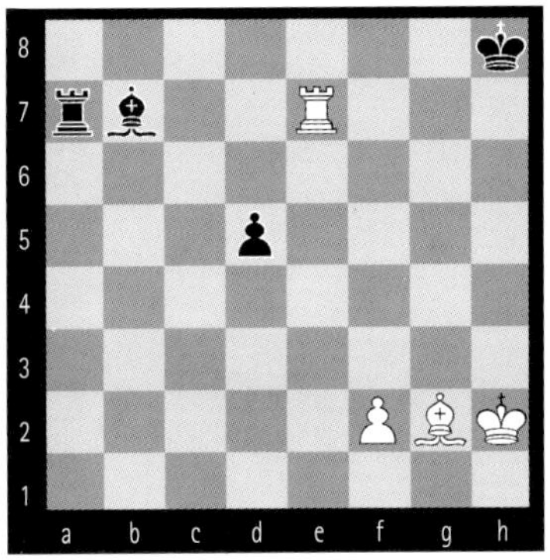

4 *Weiß sollte den Bauern in der Mitte mit dem Läufer nehmen:* **1. Lxd5** *und damit die Fesselung ausnutzen. Wird der Läufer geschlagen* **1. … Lxd5**, *nimmt Weiß den Turm mit* **2. Txa7**. *Wird er nicht genommen, schlägt Weiß den Läufer auf b7. In beiden Fällen erzielt Weiß einen Materialvorteil, der zum Sieg reicht.*

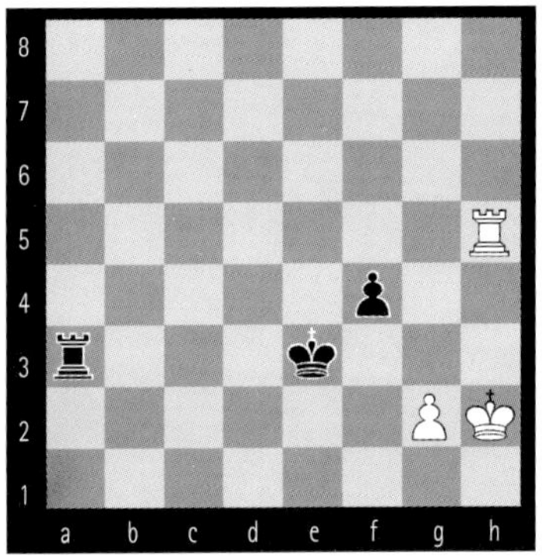

5 *Weiß kann* **1. Th3+** *spielen und so König und Turm aufspießen. Der schwarze König muss fortziehen, z.B.* **1. … Kf2**. *Weiß kann sodann den Turm auf der anderen Seite des Brettes schlagen:* **2. Txa3**.

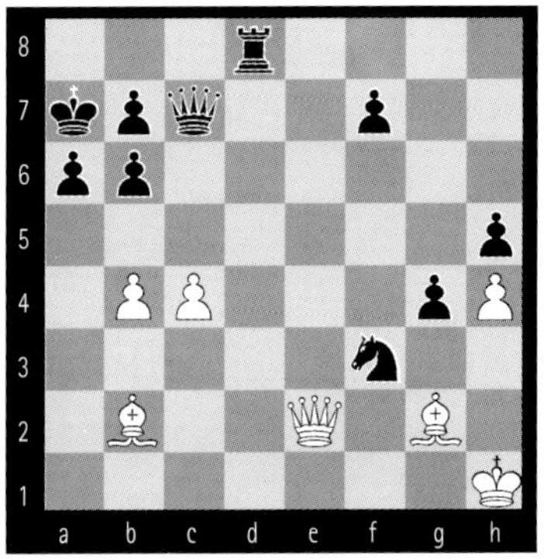

6 *Schwarz kann ein Matt in einem Zug erreichen:* **1. … Dh2** *matt.*

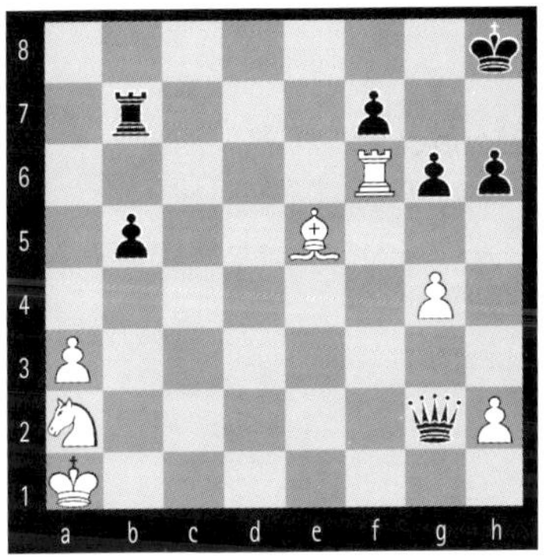

7 *Weiß hat die Möglichkeit zu einem tödlichen Abzugsschach:* **1. Tf2+**. *Der schwarze König muss aus dem Schach des Läufers ziehen:* **1. … Kg8**, *dann nimmt Weiß die Dame,* **2. Txg2** *und erlangt entscheidenden Materialvorteil.*

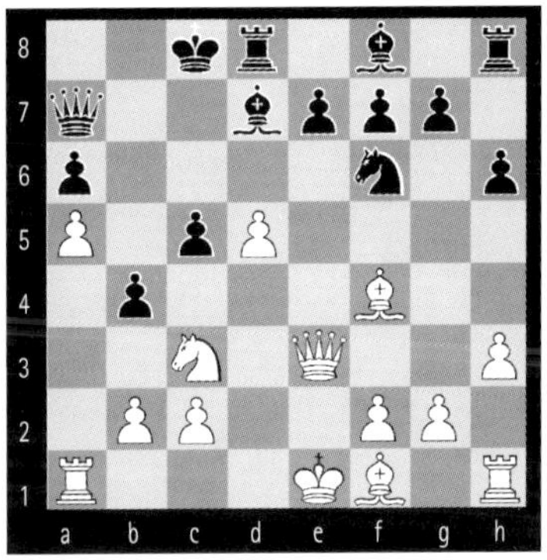

8 *Hier gibt es mehr als einen guten Zug, aber der beste ist das Damenopfer mit* **1. Dxc5+**. *Falls Schwarz* **1. … Dxc5** *spielt, macht Weiß kurzen Prozess mit* **2. Lxa6** *matt.*

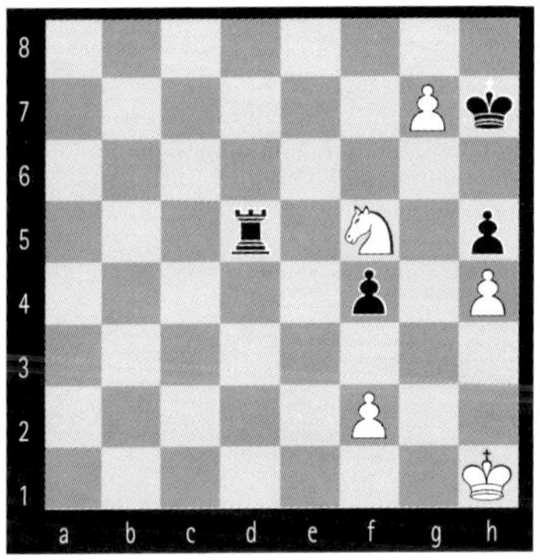

9 *Weiß kann aus dieser Stellung mit einem trickreich gewundenen Weg zum Sieg gelangen: Weiß zieht* **1. g8(D)+**. *Schwarz muss jetzt natürlich die Dame schlagen:* **1. … Kxg8**, *dann aber folgt die Springergabel:* **2. Se7+**. *Nachdem der schwarze König aus dem Schach gezogen ist, nimmt der Springer den Turm. Mit einem Springer mehr sollte es Weiß nun möglich sein zu gewinnen.*

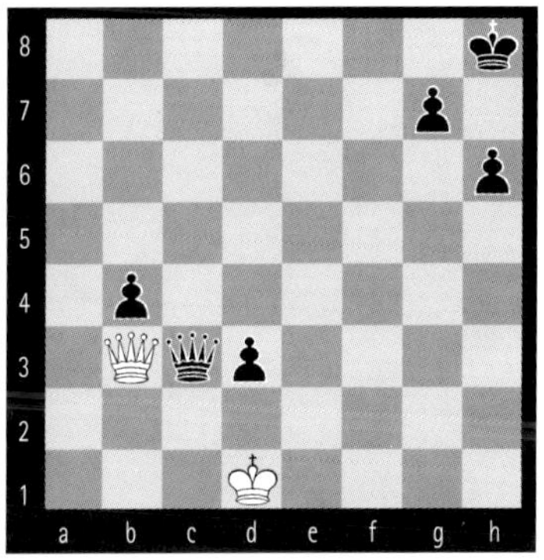

10 *Weiß kann mit einer erstaunlichen Verteidigung immer noch ein Remis erreichen:* **1. Dg8+**. *Schwarz muss die Dame nehmen,* **1. …Kxg8**, *aber dann hat Weiß keine Zugmöglichkeit mehr. Da Weiß nicht im Schach steht, ist die Stellung patt – ein Remis.*

Sachregister

A
Ablenkungsmanöver 50
Abtausch 58
Abzugsschach 32-33, 46, 58
Ägypten 6
Alekhine, Alexander 42, 43
algebraisches System, Notation 18-19
Anderssen, Adolf 42
Anstarren 50
Araber 7
Aufgabe 59
Aufstellung der Figuren 10-11

B
Bauern 8, 17
  Aufstellung der Figuren 11
  en passant 27
  Eröffnung der Partie 28
  Fesselung 31
  Freibauern 59
  Fünfzig-Züge-Regel 37
  Gabel 30, 31
  Gambit 28
  Grundreihenmatt 33
  „im siebten Himmel" 33
  isolierte Bauern 59
  Patt 37
  Remis 36
  Übungsaufgaben 39
  Umwandlung 17, 25, 59
  Umwandlung in die Dame 35, 36
  Wert 25
  Züge 17
besondere Züge 26-27
Blindschach 58
Blitzschach 48
Botvinnik, Michail 42, 43, 53
Brettrand 58
„bullet chess" 49

C
Capablanca, José-Raoul 42, 43
Caxton, William 9
China 9
Computer 9, 54-57

D
Dame 8, 15
  Abzugsschach 32-33
  Aufstellung der Figuren 10-11
  diagonaler Doppelangriff 32
  Eröffnung 28, 29
  Fesselung 30, 31
  Grundreihenmatt 33
  Notation 19
  Opfer 34
  Patt 37
  schachmatt 36, 38-39
  Spieß 31
  Springergabel 31
  Wert 25
  Züge, 15
Damenflügel 59
Deep Blue 47, 56-57
Deutschland 9
Diagonale 58
diagonale Batterie 32
die kürzesten Partien 48-49
die längsten Partien 49
Doppelangriff 58
Doppelschach 58

E
Elefanten 14
Entwicklung 58
Endspiel 25, 58
en passant 27
en prise 58
Eröffnungen 28-29, 59
Euwe, Max 42, 43

F
Fernschach 49, 58
Fesselung 30-31, 59
Fianchetto 58
FIDE (Fédération Internationale Des Échecs) 45, 58
Fischer, Bobby 43, 45, 53
Freibauern 59
Fünfzig-Züge-Regel 37

G
Gabel 30-31, 58
Gambit 28, 58
Geschichte des Schachspiels 7-9
große Rochade 26
Großmeister 58
Grundreihenmatt 33

I
IBM 56
Indien 6, 7, 14, 15, 16
Initiative 58
Internationaler Meister 59
Internet 55, 60
Islam 7
isolierte Bauern 59
Italien 8,9

K
Karpov, Anatoly 43, 44, 45, 46, 47, 49, 51, 53
Kasparov, Garri 7, 43, 45, 46-47, 49, 53, 56-57
Khalifman, Alexander 45
kleine Rochade 26
König 12
  Abzugsschach 32-33, 46
  Aufstellung der Figuren 10-11
  diagonale Batterie 32
  Fesselung 31
  Grundreihenmatt 33
  „im siebten Himmel" 33
  Materialgewinn 24
  Notation 19
  Patt 37
  Remis 36
  Rochade 26-27, 29
  Schach 20-23
  schachmatt 12, 20-23, 36, 38-39
  Spieß 31
  Springergabel 31
  Übungsaufgaben 39

Züge, 12
Königsflügel 59
Kombination 58
Kommunismus 52-53
Kontrollübungen 40-41
Kortschnoi, Viktor
27, 44, 50, 51
Krylenko, Nikolai 52

L
Läufer 8,14
Aufstellung der Figuren 10
Bauerngabeln 30, 31
diagonale Batterie 32
Eröffnung der Partie 28
Fesselung 33
Grundreihenmatt 33
Läuferpaar 14
Notation 19
Wert 25
Züge 14
„lange Diagonale" 32
lange Rochade 26
Lasker, Emanuel 42, 43
Leichtfiguren 59
Lenin 52
Lewis-Insel-Schachfiguren 7
Linien 18, 58
London 9
Lopez, Ruy 50

M
Materialgewinn 24-25, 59
Mittelalter 8
Mittelspiel 59

N
Namen der Figuren 8
Narrenmatt 48
Notation 18-19

O
offene Linie 59
Opfer 34-35, 59

P
Paris 9
Partieformular 59
Patt 37, 59
Persien 7, 15, 20, 52
Petrosjan, Tigran 43, 44, 50
Philidor, André 17
Problemschach 59

R
Reihen 18, 59
Remis 36-37
Renaissance 8, 9
Rochade 13, 26-27, 29
Russland 14, 52-53

S
Schachclubs 52
Schachgebot 20-23, 58
Abzugsschach 32-33, 46, 58
Doppelschach 58
schachmatt 12, 20-23, 36, 58
Grundreihenmatt 33
„im siebten Himmel" 33
Narrenmatt 48
Opfer 34
Schäfermatt 48
Übungsaufgaben 38-39
Schäfermatt 48
Schwerfiguren 59
Simultanschach 59
Sizilien 7
Smyslov, Vassily 43
Sowjetunion 9, 47, 52-53
Spanien 7, 8, 9
Spassky, Boris 43, 44
Spieß 30-31, 59
Springer 8, 16
Abzugsschach 32-33, 46
Aufstellung der Figuren 10
Bauerngabel 31
Eröffnung 28
Fesselung 31
Gabel 30, 31
Notation 19
Opfer 34
Spieß 31
Wert 25
Züge 16
Stalin, Joseph 53
Steinitz, Wilhelm 42, 43
Stellungswiederholung 36-37
Strategie 59

T
Taktik 59
Tal, Michail 34, 43, 50
Tempo 59
Turm 13
Abzugsschach 32-33, 46
Aufstellung der Figuren 10
Fesselung 30
Grundreihenmatt 33
„im siebten Himmel" 33
Notation 19
Opfer 35
Rochade 13, 26-27, 29
schachmatt 36, 38
Spieß 31
Wert 25
Züge, 13
Turing, Alan 54
Turniere
die längsten Partien 49
Remis 36, 37
Weltmeisterschaften
42-45, 49, 51, 53

U
Übungsaufgaben 38-39
Umwandlung 17, 25, 59
Umwandlung in die Dame
35, 36
Unterverwandlung 59
unsaubere Tricks 50-51

W
Weltmeisterschaften 42-47,
49, 51, 53
Wert der Figuren 24-25
Wikinger 7
Wilhelm der Eroberer 12

Z
Zeitbegrenzung 49, 59
Zugzwang 59
Zuckertort, Johannes 42
Zukhar, Dr. Vladimir 51

Danksagung

Die Herausgeber danken den folgenden Illustratoren für ihre Beiträge zu diesem Buch:
Julie Hartigan 42-43, 48-49, 54-55; alle weiteren Illustrationen stammen von **Mike Buckley**.

Die Herausgeber danken den folgenden Personen und Institutionen für die Bereitstellung von Fotografien:

6 l AKG London/British Museum, London; om The Art Archive; um AKG London/British Museum, London; **7** om The Bridgeman Art Library/British Library, London; r AKG London/British Museum, London; ul The Bridgeman Art Library/Musée Conde, Chantilly, France; **8** ol The Art Archive/Bibliothèque Nationale Paris; ml AKG London/Erich Lessing; ul Christies Images; b Christies Images; **8-9** ul Christies Images; **9** or Mary Evans Picture Library; cr The Kobal Collection; br Mattel Interactive; **42** ol Mary Evans Picture Library; om (Capablanca) Hulton Getty; om (Alekhine) Hulton Getty; omr (Euwe) Hulton Getty; tcr (Lasker) Hulton Getty; or (Botvinnik) Society for Cooperation in Russian and Soviet Studies (SCR) Photo Library Photo Library/Novosti; **43** o (Petrosian) SCR Photo Library/Novosti; ol (Smyslov) Topham Picture Point; om (Fischer) Topham Picture Point; tml (Tal) SCR/Novosti; om (Spassky) SCR Photo Library/Novosti; omr (Karpov) Topham Picture Point; or (Kasparov) SCR Photo Library/Novosti; **45** or Sovfoto; CR Rex Features/ Jorgensen; ul Topham Picture Point; **46** ol SCR Photo Library/Novosti; om SCR Photo Library/Novosti; um Topham Picture Point/Associated Press; **46-47** o IBM; **47** m Allsport UK Ltd/Chris Cole; **49** om SCR Photo Library/Novosti; **50** m SCR Photo Library/Novosti; **50-51** repeat image in digital a/w SCR Photo Library/Novosti; **51** ol Hulton Getty; **52** ol SCR Photo Library; ml Hulton Getty; ul SCR Photo Library; **53** or SCR Photo Library; ul Frank Spooner Pictures/D. Kennerly-Liaison; um Hulton Getty; **54** or Science Photo Library; ml AKG London; **55** ol Frank Spooner Pictures/Barr-Liaison; um www.zone.com/ kasparov; **56** m Rex Features; ul Popperfoto/Jeff Christensen/Reuters; **57** ol (*Deep Blue*) Frank Spooner Pictures/Swanson/Liaison; ol Rex Features/Andre Camara; om Rex Features/Erik Pendzich; or (*Deep Blue*) Popperfoto/Peter Morgan/Reuters; or Rex Features/Erik Pendzich.

Kürzel: u = unten, m = mitte, l = links, o = oben, r = rechts.

Es ist alles versucht worden, die Eigentümer der Copyrights ausfindig zu machen. Die Herausgeber bitten für eventuelle Versäumnisse um Entschuldigung.

Der Autor dankt Bob Kendall, Nigel Povah und besonders Mairéad and Declan.